회사 그만두고 유학을 갑니다

회사 그만두고 유학을 갑니다

퇴사하고 떠나는 서른 살의 미술유학

정유진 지음

북노마드

contents

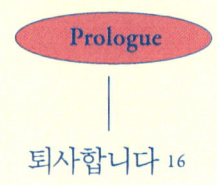

퇴사합니다 16

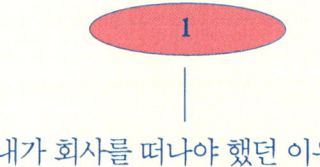

내가 회사를 떠나야 했던 이유 21

장래희망의 비극 — 내가 기다리던 아름다운 미래는 어디로 갔나

첫 퇴사 여행은 실패 — 목적 없는 방황은 독이 된다

신입사원의 애티튜드, 상사의 애티튜드 — 좋은 자세가 뭐길래

섬을 탈출하려면 — 누군가 가본 길은 내가 원하는 곳으로 가지 않더라

보쌈과 나이 — 회사에는 업무만큼 중요한 일이 또 있다

2

한 번도 해보지 않은 질문들 53

두 번째 퇴사 여행 — 작은 도시에서 새로 그리는 미래

전공의 경제학 — 과거는 묻지 마세요

편도 비행기표 — 돌아올 날이 정해지지 않은 티켓을 사다

나에게 예술은 '깡통'이다 — 다시 즐겁게 내 마음대로 그리기

취미미술, 어디까지 해봤니 — 무엇을 어떻게 그릴지 배울 수 있을까

다 망하고 거지가 되면 어쩌지 — 좋은 경험이 나를 만든다는 믿음

3

막막하지만 혼자 준비하는 유학 87

정말 혼자 준비할 수 있을까 — 포트폴리오는 어떻게 만들었어?

현실과 욕망 사이에서 — 캐나다 대학에 지원하다

비자를 주세요 — 서류 준비, 쉬운 게 하나도 없네

23킬로그램의 전 재산 — 나를 보듬는 짐의 무게

무거운 관계여 안녕 — 돌이킬 수 없는 선택들을 두고 떠나며

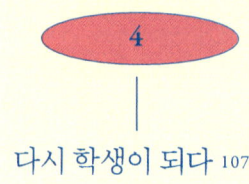

다시 학생이 되다 107

내 사랑 모디 — 단지 좋아서 옆에 두는 것

혼돈의 24시간 — '학생비자'는 처음이라서요

우리 집 찾기 — 보증인 없는 유학생이 집을 구할 때

나를 그려봐 — 눈으로 그리기, 머리로 그리기

드로잉 교재는 유튜브 — 가르치는 사람의 역할은

느리지만 확실한 방법 — 좋은 아이디어는 갑자기 떠오르지 않는다

좋은 선 말로 해야 알지 — 비판과 토론이 가득한 수업

넌 뭘 배웠니? — 내가 나에 대해 말할 수 있도록

책을 만들다 — 북 바인딩을 배운 이유

100년 넘은 레터프레스 기계로부터 — 우리는 모두 유일하다

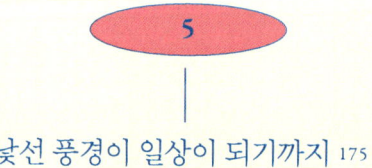

낯선 풍경이 일상이 되기까지 175

제가 할게요 — 선택하고 책임지는 연습

왜 밥을 사면 안 되지 — 더치페이의 미학

라이프 드로잉 — 몰입의 경험, 누드 크로키

너는 몇 살이니 — 우린 친구가 될 수 있을까

심심한 천국에서 사는 법 — 멍 때려도 괜찮아

떼쓰는 아이처럼 — 당신도 지금 원하는 게 있다면

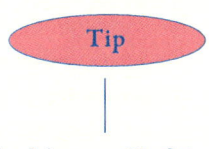

비전공자의 미술 포트폴리오 만들기 215

1. 공식은 없다, 시작하기도 전에 겁먹지 말자
2. 주제 잡기와 마인드맵 활용하기
3. 스케치북과 관찰 드로잉
4. 혼자 기획하는 프로젝트
5. 평가하기 기록하기 보여주기
6. 교수에게 물었습니다: 잘 만든 포트폴리오란?

결국 나답게 살기 282

Prologue 퇴사합니다

"저 회사 그만둘 거예요."
몇 번을 곱씹었던 문장인데 생각했던 것과 다르게 목소리가 점점 작아졌다. 두 번째 사표였다. 서른 살 창창한 커리어 우먼의 삶은 나에게서 더 멀어졌다.

폭풍 선언을 하고 쓰레기로 뒤덮인 책상으로 돌아왔는데 손이 계속 떨렸다. 정말 이게 맞는 걸까? 제대로 하고 있는 걸까? 의심과 두려움이 마음을 뒤흔들었지만 정신을 부여잡고 다시 메일함을 열었다. 딸깍. 퇴사를 준비하며 불안하고 고민 많았던 시간은 긴 스크래치를 남겼다. 그리고 마침내, 회사를 그만두며 느낀 고민의 무게보다 훨씬 더 어둡고 긴 터널을 지나, 나는 기대했던 새로운 곳에 도착했다.

나는 어른들 말처럼 열심히 공부하면 '좋은 대학'에 가고 '좋은 사람'을 만나고 '좋은 회사'에서 일하며 행복하게 살 수 있다고 믿었던 평범한 아이였다. 공부한 만큼 성적이 잘 나오진 않았지만 운이 좋게 원하는 학교에 붙었고, 대학 시절 내내 말썽 피우지 않고 조용히 지냈다. 졸업하자마자 사회생활을 시작했다. 게임

회사에서 1년 조금 넘게 일했고, 2012년에 신입 공채를 통해 방송사에 입사했다.

왜 나는 회사를 그만둘 수밖에 없었을까. 사실 주어진 삶을 또박또박 걸어가듯 사는 건 나쁘지 않았다. 회사에 어렵게 들어오고 나니 인생의 큰 숙제를 마친 기분이 들었고, 좋은 사람도 많았다. 돈을 벌기 시작하면서 저축을 할 수 있었고 업무가 몸에 익기 시작하자 긴장은 조금씩 느슨해졌다. 집을 살 만큼은 되지 않아도 둘이 같이 돈을 벌면 생활이 어렵지는 않겠다는 생각에 결혼을 결심했고, 친구들과 가끔 근사한 곳에서 식사하며 즐거울 때도 있었다.

눈앞에 보이는 과제를 해결하며 하루하루를 보냈다. 그런데 어느 순간 앞이 깜깜해졌다. 저만치 멀어져 있던 내 목소리를 되찾아야 했다. 아무 일 없는 듯 살다가 마음에 생긴 균열이 커지기 시작하자 나는 배부른 소리 한다고, 다들 힘들게 사는데 나만 꿈을 얘기하는 건 사치스럽다는 말로 스스로를 다독였다. 무언가를 다시 시작하려면 지금 누리고 있는 모든 걸 버려야 하는데, 나는 아직 감당할 준비가 되지 않았던 것이다.

아쉬움과 후회가 눈처럼 차곡차곡 쌓여가기 시작했다. 한동안 그저 버텼다. 하지만 더 이상 미룰 수 없었다. 이 자리에 계속 머문다면 10년 후 내가 지금의 나에게 뭐라고 할지 뻔했기 때문이다. '선택은 점점 더 어려워질 거야. 제발 용기를 내.'

'유학 가고 싶어.' '그림도 그리고 디자인도 공부하고 싶어.' 누군가에게 털어놓기에 특별하지도, 대단할 것도 없는 결심을 하고 나니 잔뜩 흐렸던 마음이 맑아졌다. 하지만 막상 유학을 가려는 결심만 굳혔을 뿐 나에게는 합격통지서도, 든든한 지원군도, 철저한 계획표도 없었다. 많은 사람이 닦아놓은 길을 가는 게 아니기 때문에 이제부터는 내가 길을 만들어야 했다.

서른 살, 낙엽이 우수수 쌓이는 계절에 나는 그렇게 다시 백수가 됐다.

1

내가 회사를 떠나야 했던 이유

장래희망의 비극 —
내가 기다리던 아름다운 미래는 어디로 갔나

어느 날 퇴근 후 마트에 들러 즉석 식품 코너를 돌던 중에
현기증이 일었다.
갑자기 온몸에 힘이 쭉 빠졌다.
'차라리 여기서 쓰러져 죽고 싶어.'

무엇인가 잘못됐다. 부모님이 시키는 대로 사회가 원하는 대로,
열심히 공부했고 취업했고 결혼했는데 나는 전혀 이 삶에 만족할
수 없다. 미래가 두려워지기 시작했다. 이 방향이 아니었다.
누군가에게는 맞는 길일지 몰라도 내 길은 아니었는데 그저 앞만
보고 빠르게 달려온 것이었다. 나는 언제 어디서부터 그렇게
달린 것일까. 사라지지 않는 마음의 갈증은 무엇으로부터 시작된
것일까.

어린 시절 피아노도 좋아했고 그림도 좋아했고 글쓰기도
좋아했던 나는 세상 모든 것에 관심이 많은 아이였다. 장래희망은
노력해서 이루고 싶은 꿈이라기보다 빨리 오길 바라는 아름다운

미래였다.

남녀 주인공의 두 눈이 마주치고 손이 떨리는 아슬아슬한 분위기에서 정확히 '다음 시간에'를 날린 내 연애소설은 친구들 사이에서 인기가 많았다. 당시 유행하던 만화 주인공을 따라 그려서 팔기도 했다. 밑그림만 있으면 떡꼬치 하나, 색칠까지 하면 매운 어묵 하나, 원하는 포즈로 그려주면 튀김까지. 학교가 끝나고 떡볶이 집에 우르르 몰려가 나는 왕이 되곤 했다.

친구들이 내 글과 그림을 좋아해주니 한동안 자신감이 넘쳤다. 하지만 내가 쓴 장래희망을 본 부모님은 나를 각종 대회에 내보냈다. 학원과 과외로 무장한 아이들 사이에서 줄줄이 입상에 실패했고 나는 풀이 죽었다. 그 길이 내 길이 아니라고 생각했다. 부모님은 단지 좋아하는 것만으로 하고 싶은 직업을 가질 수는 없다며 나를 달랬다. 피아노는 돈이 많이 든다, 미술은 나중에 취미로 하면 된다, 글로 먹고살긴 어렵다…… 욕심 많고 꿈 많던 어린이였던 나는 조용히 고개를 끄덕였다.

공부만 잘하면 돼.

공부를 잘해도 나보다 잘하는 사람은 항상 많았다. 하고 싶은 일들은 대학 이후로 미뤄두고 성적만 바라보며 남들처럼 학창 시절을 보냈다. 그 시간이 억울하지는 않았다. 한국에서 태어나 학교를 다니면 누구나 대학 입시라는 벽을 넘어야 하니 나도 그저 묵묵히 따랐다.

하지만 그 시절에도 자기 삶을 살아가는 친구들은 있었다. 수업 시간 내내 엎드려 자던 친구들이 쉬는 시간마다 깨어나 눈을 반짝이며 들려주는 세상 이야기는 참 재미있었다. 어떤 친구는 집이 어려워 대학입시는 일찍 포기하고 아르바이트를 했는데 매일 만나는 손님 얘기만 들려줘도 시간 가는 줄 몰랐다. 다른 친구는 각종 실전 연애를 섭렵해서 소설보다 흥미진진한 연애담을 나누기도 했다. 나는 대학을 가야 그림도 그리고 글도 쓰고 연애도 할 수 있는데…… 이미 하고 있는 친구들이 부러웠다.

막상 대학에 들어가니 다들 취업 때문에 난리였다. 2008년 금융위기를 시작으로 취업준비생의 수가 점점 늘어났다. 취업 공고가 나면 무조건 자기소개서를 내는 게 우선이었다. 100개는 기본이고, 200개 이후로 세지 않는다는 선배도 만났다. 나름 서울에서 좋은 대학을 다닌다는 학생들이 이 정도로 어려운데 다른 학교는 어떨까. 상상만 해도 아찔했다. 아르바이트와 학교 수업으로 꽉 찬 하루를 보내고 취업 걱정을 늘어놓는 친구들의 하소연을 듣다가 집에 와서 쓰러지면, 시간은 하염없이 가버리고 없었다.

취업만 하면 괜찮겠지.

졸업을 앞두고 취업에 도움이 될 만한 각종 수업과 세미나에 참여하고 영어 성적을 만들었다. 평범하지만 정신없이 보낸 시간이었다. 다들 바쁘게 사니 혼자 힘들다고 푸념을 늘어놓을 곳도 없었다. 나는 그나마 부모님 집에 살았기 때문에 자취하는 친구들보다는 지출이 크지 않았고 방학에는 모은 돈으로 여행을 떠날 수 있었다. 하지만 여행하는 마음은 그리 자유롭지 못했다. 앞으로 뭐하고 살아야 하는지 걱정하다 잠을 설치는 날이 늘어나자 일단 취업하고 싶었다. 그러면 불안한 상태에서 벗어날 수 있을 것 같았다. 안정적으로 돈도 벌고 느긋한 생활도 누릴 수 있으리라고 믿었다.

통장 잔고가 정확히 '7만 원'을 찍었을 때 다행히 취업을 했다. 기쁜 마음도 잠시, 밤 12시까지 하는 야근이 일상이 됐고 다시 아침 7시까지 출근해 회의 자료를 정리했다. 퇴근 후 여유로운 취미생활은 꿈도 꿀 수 없었다. 출퇴근할 때 택시에서 눈을 붙이며 잠을 보충했고 가끔 점심을 혼자 때우는 것으로 약간의 자유 시간을 누렸다. 취업한 친구들은 대부분 비슷한 삶을 살고 있었다. 맥주 한잔하자고 만나면 다들 비슷한 이야기를 했다. 그나마 영업직이 아니면 실적 압박이 적으니 다행이라는 생각이 들었다. 한때 철학과 정치와 미학 이야기를 하며 눈이 반짝였던 학교 동기들은 아랫배가 튀어나오고 피곤에 짓눌린 회사원이 되어가고 있었다. 푸석하게 부은 얼굴로 명함을 내미는 그들의 모습이 어색했다.

대학생 때는 저 건물들을 바라보며
불이 켜진 사무실 중 하나는
내 자리가 될 수 있을 거라고
기대했다. 하지만 시간이 흐르고
그저 답답한 풍경이 됐다.

회사를 그만두고서야 노을을 볼 수 있었다.
남산 산책로를 걷다가 본 하늘.

결혼하면 돼.

20대 중반, 친구들은 결혼을 얘기하기 시작했다. 사회 초년생은 모두 힘들었고 우리는 도피처가 필요했다. 개성 넘치는 대학생 때는 상상도 할 수 없었던 빡빡한 조직에서 일하면서 우리는 동글동글한 조약돌을 닮아갔다. 무슨 일이 벌어져도 크게 놀라지 않고 적당히 잘 넘어가는 요령은 늘어났고 씀씀이도 조금씩 커졌다. 동료들과 점심 먹으러 나왔을 때 유모차를 끌고 나온 엄마들이 브런치를 먹는 모습을 보면 당시엔 철없는 마음에 부러움이 일기도 했다. 해가 떠 있는 시간에 회사가 아닌 다른 곳에 있을 수만 있다면, 아무것도 하지 않고 쉴 수만 있다면 무엇이든 좋아 보였다.

그런데 과연, 피아노 대신 그림과 글 대신 내 시간을 바친 공부와 취업, 어른들의 가르침은 나를 어디로 데리고 온 걸까. '차라리 여기서 쓰러져 죽고 싶어'라니.
어쩌면 내게 아름다운 미래 같은 건 애초에 없었는지도 모른다.

첫 퇴사 여행은 실패 —
목적 없는 방황은 독이 된다

가끔 '나'라는 존재가 스스로 우뚝 서 있는 나무가 아니라 벽에 기대어 겨우 버티고 있는 넝쿨이라는 느낌이 들었다. 벽에서 떠날 때가 되어서야 내가 넝쿨이라는 사실을 알았지만.

누구나 퇴사를 꿈꾼다. 그리고 결국 퇴사를 한다. 단지 언제 어떻게 회사를 떠났는지가 다를 뿐이다. 사람들은 인생의 모든 길목에서 스스로 결정하고 감당하고 다시 걷는다. 그 과정은 누구에게나 어렵다.

'그깟 회사 그만둬도 인생 망하지 않아'라는 말이 그다지 위로가 되지 않는 건 한국에서 회사라는 존재가 단지 월급 받고 커리어를 쌓는 수단에 그치지 않기 때문이다. 시간이 흐르고 뒤를 돌아보면 남의 평가 따위 중요하지 않다고들 하지만, 어떤 결정을 내리는 그 순간에는 다른 사람의 말 한 마디가 엄청나게 크게 느껴지기도 한다. 가족이 모였을 때 듣는 이야기, 처음 사회에 발을 내디뎠을 때 다짐했던 포부, 함께 고생해서 얻은 결과에 기뻐했던 정든 동료의 얼굴…… 그 모든 것이 퇴사로부터 우리들의 발목을 잡는다.

그럼에도 불구하고 나는 현재의 자리를 떠나 새로운 이야기를 만들고 싶었다.

첫 번째 회사를 그만뒀을 때 '무엇을 하고 싶냐'는 질문을 듣고 거의 고민하지 않았다. 혼자 배낭 메고 자유롭게 떠돌다 오면 뭔가 찾을 수 있을 것 같아 여행을 떠나겠다고 대답했다. 한 번도 본 적 없는 풍경에 나를 맡기고 아무런 의무가 없는 일상을 보내고 나면 인생의 의미 같은 건 쉽게 찾을 수 있지 않을까 싶었다. 퇴사 여행을 앞둔 밤, 첫 배낭여행을 떠났던 전날 밤처럼 쉽게 잠을 이루지 못했다.

프랑크푸르트 공항에 내려 차가운 도시 공기를 맡기 전까지 행복해지리라는 굳은 결심은 흔들리지 않았다. 그러나 나는 퇴사 여행 첫날부터 한국에 돌아오는 마지막 날까지 매일 울었다. 여행 내내 광고처럼 유행했던 '여행을 떠나 드디어 제 자신을 발견했어요'는 새빨간 거짓말이며 허튼소리라는 사실을 절절하게 느꼈다.

매일 새로운 곳에 짐을 풀기 위해 축축 처지는 몸뚱이를 끌고 다니느라 피곤은 쌓여만 갔고, 혹시 소매치기라도 있을까 싶어 항상 긴장해 있었다. 광장에 혼자 앉아 멍 때리고 있다가 앞으로 어떻게 살아야 할지 모르겠다는 생각이 들면 걷잡을 수 없이 우울해졌다. 나는 혼자였고 당장 누군가에게 기대고 싶었지만 아무도 없었다. 혼자 잘 먹고 잘 살 줄 알았던 나는 사실 누가 없으면 쉽게 허물어지는 존재에 불과했다. 목적 없는 방황은 오히려 나를 무너뜨렸다.

피렌체의 아름다운 석양을 보고도 기쁘지 않은 나를 바라보며 그제야 도망치듯 무엇을 그만두면 나에게 독이 되어 돌아온다는 걸 알았다. 일단 회사를 그만두는 것도 어렵지만, 그것이 다른 무엇을 시작하기 위한 과정이 아니라면 그야말로 다시 처음으로 되돌아가는 셈이다. 내가 서울 한복판에 있든, 멕시코 툴룸의 해변가에 누워 있든 고민의 농도는 같다.

'어떻게 살아야 할까? 무엇을 해야 할까?'
누구나 이 질문에 답을 찾아야 한다. 몸으로 부딪히며 알아가야 한다.

신입사원의 애티튜드, 상사의 애티튜드 ―
좋은 자세가 뭐길래

영화 〈인디에어〉를 처음 봤을 때 나는 첫 회사에서 첫 프레젠테이션을 준비하고 있었다. 많이 떨렸지만 뭔가 보여주고 싶은 마음이 더 컸다. 나는 대학시절 내내 많은 팀 발표를 준비하면서 얻은 자신감으로 똘똘 뭉친 신입사원이었다.

〈인디에어〉에서 라이언(조지 클루니)을 한 방 먹이는 나탈리(안나 켄드릭)를 보는 순간 그녀처럼 잘난 신입사원이 되고 싶었다.

라이언은 잘생기긴 했지만 내 눈에는 그저 현실에서 도망가고 싶어 하는 아저씨로 보였다. 집에 있고 싶지 않아서 밖으로 떠도는 불쌍한 중년 남자, 그는 한 끼에 두 접시씩 주문하며 회사 돈으로 마일리지를 어떻게든 쌓으려고 노력하는 좀생이다. 그에 비해 나탈리는 사장 마음에 쏙 드는 시스템을 소개하며 화려하게 등장한다. 그녀는 새로운 아이디어로 출장을 개인적인 도피처로 삼는 라이언에게 멋지게 한 방 먹인다.

나도 나탈리처럼 신선한 발표로 회사의 기존 시스템에 충격을 줄 수 있는 첫 프레젠테이션을 꿈꿨다. 물론 현실과 영화는 달랐다. 결과는 처참했다. 일단 대부분 상사들은 대놓고 딴짓을 하며 내 발표를 제대로 듣지 않았다. 하품을 계속하던 팀장은 발표가 끝나자마자 왜 이렇게 길게 하냐며 푸념했다. 발표를 평가해야 했던 한 과장은 내가 뜬구름 잡는 소리만 늘어놓는다며 인사팀이 신입사원 교육을 어떻게 시킨 건지 모르겠다고 투덜댔다. 현실에는 멋진 아이디어도, 숨죽여 듣는 사장도, 기존의 규칙을 무너뜨리는 기회도 없었다.

모든 게 꽉 막혀 있었다.
답답한 마음을 표현하고
싶어서 그렸던 그림.

〈인디에어〉를 최근에 다시 봤다. 7년 만에 다시 본 영화는 내 기억과는 많이 달랐다. 나는 오히려 철없는 나탈리를 어떻게든 데리고 다니며 책임지는 라이언의 처지에 공감했다. 그는 신입사원에게 일을 쓸데없이 많이 벌인다고 타박하지도, 어리석은 아이디어로 밥그릇을 뺏는다고 공격하지도 않고 그녀의 이야기를 끝까지 듣는다. 나탈리가 발표를 할 때도 그녀의 거침없는 발언에 당황하긴 하지만 하품을 하거나 딴짓을 하지는 않는다. 만약 배경이 한국이었으면 어땠을까?

대부분 회사의 면접자는 신입사원에게 당당하고 진취적인 태도와 다양한 능력을 요구한다. 신입사원은 화려한 프레젠테이션 기술로 면접자의 정신을 쏙 빼놓을 줄 알아야 하고, 능숙한 외국어 실력으로 글로벌 감각을 자랑하며 회사에 새로운 먹거리를 찾을 수 있다는 확신을 줘야 한다. 말 잘하고 똑똑한 나탈리처럼 말이다.

하지만 똑똑한 나탈리는 현업 부서에 배치 받는 순간 고집 세고 일할 줄 모르는 조직 적응력 제로인 멍청이로 전락한다. 그녀는 왜 상사가 퇴근하기 전까지 자리에 앉아 있어야 하고 점심 메뉴는 항상 통일해야 하며 상사의 숨겨진 의중을 알기 위해 신경을 써야 하는지 이해하지 못한다. 윗사람의 지시에 따박따박 반박하다가 여러 번 혼이 났을지도 모른다.

나는 두 번의 회사생활에서 꽤 오래 멍청이 시절을 겪었다. 누구나 그렇듯 입사는 어려웠다. 경쟁률이 높을수록 채용 단계는 복잡했고 면접 방식도 다양했다. 내년도 사업계획서를 써야 한다거나 10년 뒤 회사의 비전을 발표해야 했고, 학교에서 배운 이론적 지식을 써먹을 수 있는 그럴듯한 사업 제안을 생각해내야 했다. 하지만 현업 부서로 출근한 첫날부터 한동안 나는 책상 앞에 인형처럼 앉아 있을 수밖에 없었다.

그 후 회사생활은 단체 합숙생활과 비슷했다. 탕비실 냉장고를 닦기 위해 30분 일찍 출근하기 시작했고, 회의실 정리와 복사기 관리는 기본 업무가 됐다. 회의 시간에 어렵게 한 마디를 꺼내 망신을 당하는 것보다 꼼꼼하게 회의록을 쓰는 게 욕을 덜 먹는 방법이라는 것도 알게 됐다. 신입사원이 '밥값'하기 위해 3년은 걸린다는 상사의 말에 굳은살이 박일 때쯤 조직에 적응했다는 느낌이 들었다.

회사는 천국도 아니고 학교도 아니다. 나에게 항상 호의적인 사람들과 즐겁게 일하며 돈을 받는 낭만적인 곳도 아니다. 하지만 면접에서 나를 뽑은 기준과 진짜 회사생활의 간극이 너무 크다는 사실은 그 후 계속 나를 괴롭혔다. 학교에서 배운 지식과 기술이 전혀 쓸모없다는 게 당황스러웠고 '글로벌 마케팅'이나 '사업기획', '재무경영' 등 도전적으로 일할 것 같은 이름을 가진 부서에 외려 보수적인 사람들이 모여 있을 가능성이 높다는 것도 알게 됐다.

"네 능력은 모르겠고 무조건 열심히 하려는 자세로 배우면 괜찮아지겠지."
어느 날 선배가 달큰하게 취한 얼굴로 나에게 충고했다. '애티튜드attitude'의 발음이 계속 쇠냈다. 그는 윗사람에게 공손히 대하고 말조심하다 보면 좀 괜찮은 부서에서 성과 나는 일을 할 수도 있다고 그날을 위해 건배하자고 잔을 높게 들었다. 아무도 나에게 왜 이 회사에 들어오고 싶었는지, 무슨 일을 하고 싶은지, 어떤 커리어를 쌓고 싶은지 묻지 않았다. 나 역시 다른 사람들처럼 빛나거나 편하거나 잘나가는 부서에서 일하고 싶을 것이라는 암묵적인 공감대가 흐르고 있었다.

나는 좋은 '애티튜드'를 가진 신입사원이 되기는 영 글렀다고 생각하며 잔을 다시 채웠다. 회의시간보다 모두 같은 메뉴를 먹어야 하는 점심시간이 나에겐 더 큰 고역이라는 사실을 어떻게 이해시킬 수 있을까. 왜 처음에 지원한 부서가 아니라 전혀 다른 부서에서 하고 싶지 않은 업무를 웃으면서 버텨내야 할까. 성과가 좋고 잘 나가는 부서가 아니라 내가 배우고 성장할 수 있는 부서는 어디일까. 이 모든 얘기를 들어줄 사람이 과연 있을까. 나는 조직에서 점점 멀어졌지만 스스로 왕따가 되는 게 그리 싫지 않았다.

섬을 탈출하려면 —
누군가 가본 길은 내가 원하는 곳으로 가지 않더라

"다들 그렇게 살아."
어른들은 자주 이렇게 말했다. 1970년대만 해도 여자가 대학교육 받고 취직하는 게 드문 일이었다고, '평생직장'을 다니다 퇴직하는 게 축복이라고, 회사는 전쟁터지만 사회는 지옥이라고. 지상파 방송사의 회계부에서 일한다는 얘기를 하면 다들 그렇게 안정적인 직장에 어떻게 들어갔냐며 치켜세웠다. 철밥통이니 꼭 붙잡고 있어야 한다고, 이제 결혼하고 애만 낳으면 된다는 말을 덧붙이는 것도 잊지 않았다.

대학교의 여학생 비율이 50퍼센트를 훨씬 넘고 평생직장의 의미가 거의 사라지고 있는 요즘 현실에도 그들은 굳건했다. 회사

내에서도 비슷했다. 최근 몇 년간 방송사의 신입 대졸 채용이 부쩍 줄은 탓에 정년퇴직을 바라보는 50대 이상의 비율이 20대보다 훨씬 높았다. 그분들이 보는 세상과 내 또래가 보는 세상은 너무 달랐다. 같은 공간에서 함께 일하면서도 세대 차이는 쉽게 좁혀지지 않았다. 지상파 방송사에는 한번 들어왔으면 정년까지 끝까지 다녀야 하는 운명 같은 것이 존재했다.

만약 평생 한 회사만 다녀야 한다면 무슨 일을 하는 게 중요할까? 내가 좋아하는 일을 찾고 그 일을 더 잘하기 위해 노력하는 건 자기계발 정도에 들어갈 것 같다. 그보다는 인간관계를 돈독하게 하고 평판을 좋게 만들어 조금이라도 편하게 직장생활을 하는 게 더 중요할 수 있다. 문제는 그런 사고방식을 가진 부장이 새로 들어온 사원에게 주는 업무에서 발생한다.

방송사에서 신입사원 연수를 마치고 첫 출근을 하니 회계부로 배치를 받았다. 이유는 내가 경제학을 전공했기 때문이란다. 슬프게도 경제학과에서는 회계 과목을 가르치지 않았다. 차변과 대변도 구분 못했던 나는 회사 자금을 출금하는 업무를 맡았고 때로 콜센터 직원처럼, 때로 은행 직원처럼 일했다. 그리고 1년 정도 지났을 때 부장에게 업무를 바꿔달라고 요구했다. 당시 부장은 '그 일을 2년은 해야 회사 내 평판이 좋아진다'라는 이유로 내 요청을 거절했다.

아마 그 부장은 40년은 다닐 회사에서 2년 정도 한 가지 업무를 하는 게 당연하다고 생각하고 그 일을 줬을 거다. 하지만 나는 앞으로 하고 싶은 일과 전혀 상관없는 업무를 2년이나 하는 게 낭비라고 생각했다. 퇴직을 바라보며 평생 한 회사만 다니고 싶지도 않았다. 모든 경험은 내가 앞으로 하게 될 일의 과정이라고 여겼기 때문에 나와 맞지 않는 일을 계속할 마음도 없었다. 그러나 내 생각은 욕심이고 이기심으로 보였다. 다들 겉으로 표현하지 않았지만 싫은 티를 곧잘 내는 나를 그리 좋아하진 않았던 것 같다.

그래도 그곳에서 몇 년을 더 버틸 수 있었던 이유는 내가 가고 싶은 길이 무엇인지 몰랐기 때문이었다. 섬을 탈출하려면 다른 섬의 존재가 있어야 한다. 그저 망망대해를 혼자 떠돌 힘은 없었다. 처음에는 내가 닮고 싶은 사람이 어떤 길을 걸었는지 열심히 찾아봤다. 강의를 들으러 가고 책을 읽고 유튜브를 열심히 봤다. 하지만 곧 그들의 공통점이 거의 없다는 걸 깨달았다. 유일한 공통점이라면 각자에게 맞는 길을 알아서 찾았고 스스로 만들었다는 점이었다.

부서를 옮기고 나서
만들었던 일일 클래스
수업 풍경. 내가 어떤 걸
좋아하는지 알게 됐다.

한 회사에서 사원-과장-부장-국장-임원의 길을 가고 싶지 않다고 결정한 순간 내게 남은 선택은 별로 없었다. 지상파 방송사는 이직이 잦은 직장은 아니다. 일반 회사와 업무가 비슷하지도 않고 오랜 세월 쌓인 특수성이 강하다. 특히 경영 분야는 이직할 때 쉽게 경력이 인정되기 어렵다. 사실 이직의 사례를 찾기도 힘들다. 지금까지 쌓인 연차와 연봉을 모두 포기하고 새로운 직장에 신입으로 들어가서 비슷한 일을 하는 현실을 상상해보면 오히려 현재가 더 낫다는 사실을 받아들이게 된다.

결국 승진도 이직도 새로운 입사도 내가 원하는 것이 아니라는 결론에 이르렀을 때, 전혀 다른 생각이 튀어나왔다.
아예 다른 공부를 해보면 어떨까. 그 공부가 '해야 하는 공부'가 아니라 '하고 싶은 공부'라면?

보쌈과 나이 —
회사에는 업무만큼 중요한 일이 또 있다

회사에서 내 업무만큼 중요한 일이 하나 더 있었다. 부서원의 생일을 챙기는 일이었다. 매번 케이크에 촛불 붙이고 노래만 부르자니 별로라서 뭘 할까 고민이 많았다. 의외로 가장 인기가 많았던 건 보쌈이었다. 평소에도 얼마든지 먹을 수 있는 보쌈을 사람들이 왜 좋아했을까 싶지만 이유는 간단했다. 생각보다 보쌈은 점심 메뉴로는 인기가 없다. 야식으로 치면 치킨이나 족발에 밀린다. 하지만 막상 시켜보면 싫어하는 사람은 별로 없다. 슬슬 배가 고파지는 4시 반쯤 회의실에 모여 따끈따끈한 수육을 시원하고 달달한 김치와 함께 먹으면 다들 기분이 좋아졌다. 물론 케이크 대신 보쌈 위에 초를 꽂으려면 나이를 확인해야 했다. 부장님 이상은 묻지 않고 큰 초 두세 개만, 40대 이상은 원래 나이보다 한두 개 실수로 빼는 게 관계 유지에 좋았다.

그렇게 매달 누군가의 생일이 돌아왔다. 보쌈 맛은 변함없는데 지겨워졌다. 연차가 쌓여도 일이 크게 바뀌지 않으니 처리 속도만 빨라졌다. 야근도 훨씬 줄었고 예전처럼 많이 피곤하지는 않았다. 오히려 길어진 점심시간과 넉넉한 간식 덕분에 살이 쪘다. 배는 부르지만 머리는 멍했고 가슴은 허전했다. 업무는 여전히 나이와 연차만을 반영하여 일렬로 줄 세운 후 배정되었다. 부서 이동은 꿈에서나 가능했고 일상은 구름이 잔뜩 긴 날씨 같았다. 하루하루 꾸역꾸역 알약을 넘기듯 살다가 정시 퇴근을 할 수 있는 날에는 각종 모임으로 가득 밤 시간을 채웠다. 피곤에 못 이겨 쓰러지듯 잠이 들면 그나마 괜찮았다. 월급날 찍힌 통장의 숫자가 의미 없이 흩어졌다.

내 앞에 놓인 케이크 초가 큰 것으로 2개, 작은 것으로 9개가 꽂혔을 때 다들 누가 시킨 듯 똑같은 질문을 했다.
"30대가 되기 전에 뭐하고 싶어?"

글쎄, 그전까지 스물아홉이라고 의식하진 않았지만 딱히 좋은 것은 없었다. 이제 나이를 먹었기 때문인지 모르겠지만 몸이 축축 늘어지는 거 같긴 했다. 뭘 하고 싶다고 거창하게 말하기에는 현실적인 제약 때문에 어려울 것 같았다. 그래서 그냥 대충 대답했다.
"매일 회계전표 보는 거 말고 다른 일 좀 해봤으면 좋겠네요."

보쌈의 축복 덕분인지 다행히 곧 부서를 옮길 수 있었다. 매일 시간표에 맞춰 정해진 일을 하는 대신 새로운 부서 '브랜드 사업팀'에서 스스로 문제를 찾고 방법을 고민하고 결과를 분석해야 했다. 옆에서 볼 때는 그저 흔한 기념품을 만들어 판매하고 결과 보고를 하는 수준이었지만 회계부에서 몇 십 억짜리 수표를 만지고도 아무 느낌이 나지 않았을 때와는 분명 달랐다. 재미있었다. 기획한 대로 상품이 나왔을 때 성취감은 강렬했다. 이미 짜인 극본대로 움직이는 부서에서 일하다 새로운 것을 해보자는 취지로 만들어진 팀으로 옮기니 작은 일도 신기했다. 새로운 팀이다보니 기준이 없고 아무 자료가 없어 고생할 때도 있었지만, 나는 여러 가지 일을 마구잡이로 해도 괜찮은 종류의 사람이었다.

하지만 앞에 닥친 과제를 해결하고 내가 벌인 일을 수습하느라 정신없이 몇 개월을 보내고 나자 뭔가 잘못됐다고 느꼈다. 이 부서가 브랜딩 기획을 한다고 생각했는데, 정작 외부에서는 기념품을 만드는 부서라 불렀다. 처음에는 무엇이든 새로웠던 업무가 점차 고정된 바퀴처럼 돌아가기 시작했다. 숫자로 보이는 매출 목표와 달성률, 보고용 자료 만들기, 기념품 제작 요청 등으로 하루하루가 바빴고 나는 다시 우울해졌다.

일을 하는 방식은 나에게 맞았지만 진짜 중요한 콘텐츠는 전혀 아니었다. 나와 맞지 않는 부서에 있을 때는 그나마 일 핑계를 댈 수 있었지만 이제는 아니었다. 29살의 마지막 날을 보내면서 생각했다.
'언제까지 이렇게 미루면서 살 거야?
진짜 해보고 싶은 건 언제 할 거야?'
그렇게 나는 회사를 그만두고 하고 싶은 공부를 위해 떠나기로 결심했다.

사람들이 뭘 좋아하는지
궁금해서 사 모았던
물건들. 다른 사람들의
기분만 살피지 말고
내가 원하는 걸 더 빨리
찾았다면 좋았을 텐데.

카페에서 친구를 기다리며
자유롭게 그린 드로잉.

이 건축물을 만든
사람은 어떤 생각을
하고 있었을까. 세월이
담담하게 흐르고 있었다.

왠지 모르게 나와 비슷한
느낌이 들었던 모델의
누드 크로키.

2

한 번도 해보지 않은 질문들

두 번째 퇴사 여행 —
작은 도시에서 새로 그리는 미래

루앙프라방은 비의 도시였다. 도로를 흠뻑 적신 비는 따가운
햇볕을 만나 수증기로 변했다. 하루에도 몇 번씩 비가 쏟아졌다가
쨍쨍하길 반복했다. 난 밤새 빈대에 뜯긴 다리를 벅벅 긁어가며
카페를 찾아다녔다. 시원한 에어컨 바람을 맞으며 뽀송뽀송한
의자에 앉아 진한 카페라테를 들이킬 수만 있다면 이 정도
고생쯤이야. 루앙프라방 사람들은 커피를 즐겨 마시니 분명
괜찮은 카페도 많을 거라 기대했다.
다행히 비가 들이치지 않는 카페를 찾았지만 의자는 축축했고
커피는 물가에 비해 매우 비쌌다. 맹물 맛이 나는 커피를 받아서
에어컨과 가까운 자리를 잡고 앉아 노트북을 열었다. 구글맵으로
세계 지도를 검색해 들여다보기 시작했다. '자, 어디로 갈까?'

사표를 내고 '의원퇴직(스스로 원해서 퇴직함)'이라는 제목의
인사발령이 뜨고 나자 많은 사람들이 나에게 연락을 했다. 대체
왜 그만두는지, 어떤 대단한 계획이 있는지 듣고 싶어 했다.
하지만 나는 별로 할 말이 없었다. 포트폴리오를 준비하려면

최소한 몇 달이 필요할 것 같았고 일을 한 박자 쉬어가는
타이밍에 그만둬야 할 것 같아 이리저리 고민하다 사표를 썼다.
유명한 대학에서 보낸 반가운 손짓도 없었고 정해진 게 아무것도
없어서 무슨 말을 하기가 난감했다. 그저 '준비 중이다. 곧 어디로
갈지 정해질 예정이다.'라는 말만 앵무새처럼 반복했다.

"잘 다니던 회사 왜 그만둬? 나중에 분명히 후회할 거야."
무엇을 공부하고 싶은지 꼬치꼬치 묻는 사람에게 '그림도 그리고
디자인도 배우고'라는 애매한 답변을 하면 총알처럼 빠르게
반응이 날아왔다. 처음에는 아팠지만 조금씩 무뎌졌다. 별일
없을 거라고 스스로 위로하며 말없이 그저 웃었다. 어떻게든 무슨
방법을 써서라도 떠날 거예요. 그럼 적어도 후회하진 않을 것
같아요.

겉으로만 보면 두 번째 퇴사 여행도 첫 번째와 크게 다르지
않았다. 구체적인 목적지가 없었고 미래는 불확실했고 돈은
최대한 아껴야 했다. 하지만 내가 무엇을 원하는지는 알고 있었다.
시끄러운 서울을 떠나 조용한 곳에 가서 계획을 세우자. 예산도
검토하고 어디로 갈지 정하고 마감일을 검색해야 한다. 그게
다였다. 그리고 최대한 느긋하게 걷자.

루앙프라방에서는 비를
맞으며 많이 걸었다.

루앙프라방으로 떠난 첫날.

루앙프라방의 한 카페에서
어디로 떠날지 결정했다.

루앙프라방으로 자연스럽게 끌렸다. 시간이 많으니 유럽이나
남미같이 더 먼 곳도 얼마든지 갈 수 있었지만 거리가 멀다고 내
마음이 더 자유로워질 것 같진 않았다. 새벽에 일어나 하루를
시작할 수 있는 도시, 시간이 느리게 흐르는 거리. 그렇게 방콕을
경유해 루앙프라방으로 떠났다.

도시는 생각했던 것보다 작았다. 하루 반나절 열심히 걸으면 다
돌아볼 수 있었다. 한국말도 자주 들렸고 어딜 가나 현지인의
일상과 여행자의 삶이 뒤섞여 있었다. 매일 같은 길을 걸었고
새벽 탁발을 기다렸고 같은 식당에서 밥을 먹었다. 주인이
나를 알아보며 먼저 인사할 때쯤 다른 식당으로 옮겼다.
작은 동네이지만 이곳에 정착해 사는 외국인이 많았다.
루앙프라방에서 휴가를 보내고 돌아갔는데 매일 이 거리가
생각나 결국 다시 왔다는 프랑스 할머니는 10년째 작은 기념품
가게를 운영하고 있다 한다. 수제 비누와 대나무 빨대를 사면서
할머니에게 슬쩍 행복하신지 물었다.

"음. 처음에는 힘들었는데 지금은 행복해요. 사람들이 좋아요."
10년 전만 해도 루앙프라방은 유명한 관광지는 아니었다고 했다.
다들 왜 가냐고, 프랑스가 얼마나 살기 좋은데 굳이 덥고 습한
나라로 떠나느냐 말렸지만 그래도 오고 싶어서 어떻게든 왔다는

그녀는 죽으면 가게 옆에 있는 묘지에 묻히고 싶다며 밝게 웃었다. 나만 좋으면 되지. 내가 퇴사 여행 중이라는 얘기를 하자 그녀는 이곳에서 의미 있는 시간을 보내길 바란다며, 사탕 한 개를 손에 쥐어줬다.

때마침 쏟아지는 비를 맞으며 다시 카페로 향하면서 나는 마음에 남아 있던 묵직한 열등감을 씻어냈다. 엄청나게 잘난 사람들과 경쟁하며 글로벌 인재가 되는 건 내 유학의 목표가 아니잖아. 하고 싶었던 공부를 하며 살고 싶었던 일상을 만들고, 다양한 사람들과 만나며 배우는 게 내가 진짜 하고 싶었던 것이라면 그게 가능한 곳으로 떠나면 되지 않을까. 이제는 다른 사람의 기준을 버리고 나만을 위한 선택을 해보자.

전공의 경제학 —
과거는 묻지 마세요

"돈이 많나봐."
재취업도 어려운데 갑자기 유학을 가서 미술 전공을 하고 싶다고 얘기하면 어김없이 돈 이야기가 나왔다. 안타깝지만 유학 비용은 딱 필요한 만큼만 모았고 회사는 막상 그만두고 나니 별로 미련이 남지 않았다. 물론 회사생활에는 장점이 있다. 정년보장, 연봉, 복지같이 눈에 보이는 혜택도 있지만 심리적 안정감이 컸다. 내가 누구인지 스스로 증명하려 애쓰지 않아도 신분이 보장되고, 무슨 사고가 터져도 회사가 나를 지켜준다는 믿음이 있었다.

하지만 벽으로 둘러싸인 작은 우물 안에 살고 싶지 않았다. 전공과 해왔던 일 때문에 앞으로 할 수 있는 일에 제한이 있었다. 예전에는 순환 근무라는 업무 형태가 있어서 그나마 여러 가지 업무를 해볼 기회는 있었지만, 요즘에는 회사 내에서 한 분야에 오래 있었던 전문가를 더 높게 쳐주는 분위기다. 물론 오래 했기 때문에 더 일을 잘한다고 장담할 수는 없지만, 적어도 새로운 사람이 그 일을 건드려 볼 기회를 차단하긴 쉬웠다.

회사 밖은 각종 학문이 융합하고 신기술이 발전하고 상상도 못한 뉴스가 매일 터지는데, 회사 안은 새로운 의견을 말하는 것조차 힘든 분위기였다. 회사 밖에서 다른 일을 하고 있는 사람을 만나면 이직하거나 창업하는 등 도전하라는 얘기를 했다. 물론 대부분은 지금 있는 회사가 얼마나 좋은지 알아야 한다는 지적도 **빼놓지 않는다**.

경제학과를 나와서 왜 그림을 그리냐는 질문을 꽤 자주 받는다.

더 정직하게 말하면, 졸업 이후 무엇을 해도 그 질문을 받았다.
'경제학과 나와서 왜 게임회사 왔어요?' '경제학과 나왔는데
왜 계산은 못해요?' '경제학과 나와서 왜 가방 만들어요?' 등.
19살까지 학교 공부만 하다가 어찌어찌 휩쓸려 들어간 대학이
진짜 적성인 경우가 별로 없지 않냐고 반문하면 다들 고개를
끄덕이고 다시 질문한다. "그럼 지금 하는 거 왜 해요?"

마음속으로는 내가 평범한 커리어를 만들었다고 뿌듯해했는데
사람들은 그렇게 생각해주지 않았다. 돌이켜보니 경제학과
졸업생이 어느 순간 내 주변에서 사라졌다. 그러니 잦은 오해가
생겼다. 구구단으로 술 게임을 하거나 돈 계산을 해야 할
때마다 내 이름이 불렸다. 귀찮은 일이 많아지자 이중전공인
'언론학부'를 방패로 쓰기도 했다. '제 전공은 언론학이라 계산은
잘 못합니다.' 그러자 축의금 봉투에 이름을 예쁘게 써야 하거나
'2015년 밝은 해가 떴습니다'로 시작하는 지루한 공지 글을
작성해야 하는 일이 많아졌다.

내 전공에 쌓인 오해를 풀기 위해 이런 얘기를 자주 했다. 길에서
마주치는 젊은이를 붙잡아 '당신은 경제학과를 나왔거나 다니고
있거나 지원해본 적이 있습니까?'라고 묻는다면 열 명 중 한
명은 '네, 안타깝게도 그렇습니다'라고 대답한다고. 경제학과를

나온 그 흔한 학생들은 세계 경제의 동향을 파악해서 당국의 금리 인상을 비판하기는커녕 환율 변동이 출산율과 어떻게 관련 있는지 알 도리가 없다. 안타깝지만 나는 계산기도 잘 쓰지 못한다. 곱하기와 뺄셈이 섞여 있는 수식의 괄호 부분을 어떻게 처리해야 하는지 몰라 작게 적어놓고 여러 번 계산해야 한다. 회계부에 있을 때 인터넷에서 계산기 매뉴얼을 찾아 읽었지만 부서를 바꾸자 뇌가 초기화됐다. 술자리에서 누군가 독일의 난민 정책과 세금 인하가 EU 경제에 미치는 영향에 대해 물었을 때 솔직하게 계산기 이야기를 했다. 다들 내 유머가 재미있다며 빵 터졌다. 경제학자들은 원래 계산기를 안 쓰고 암산을 하기 때문에 사용법조차 모른다는 얘기를 어디서 들었다는 얘기도 덧붙였다.

귀찮은 일이 많아진다고 내 전공을 속일 수는 없다. 그렇다고 상대방이 묻기 전에 '저는 계산도 못하고 그래프를 싫어하고 독일의 난민 정책과 세금 인하가 EU 경제에 미치는 영향은 모릅니다'라고 선수를 치기도 곤란하다. 그저 아무렇지 않게 딴 얘기로 돌리는 게 최선이다. "경제학을 공부하긴 했어요. 그런데 어제 TV 보셨어요? 요즘 그 방송이 참 재미있다던데……"

하지만 과연 회사에서 전공은 무슨 의미가 있을까? 가끔 학교 선후배 술자리에 얼굴을 내밀 때나 기부금을 내라는 지로용지를 받아들 때를 제외하고는 별로 쓸데가 없다. 구구단 술 게임이나 돈 계산을 잘한다고 능력 있는 직원으로 인정받을 일도 없고 지루한 공지 글을 맛깔나게 쓴다고 갑자기 홍보팀으로 발령이 날 가능성도 없다. 그래서 어렵게 입사한 회사를 박차고 나오면 처음으로 경력과 전공의 관련성에 대해 머리를 싸매고 고민한다. 학점 관리하느라 중간 기말고사마다 열심히 공부했는데 머리에 남아 있는 건 거의 없다.

그나마 내 기억에 남은 개념은 경제학원론 첫 시간에 나오는 '매몰비용'이다. 1학년 1학기 술냄새 풍기는 교실에서 인간의 행복을 숫자로 표현할 수 있다는 교수님의 설명에 코웃음을 쳤던 그 순간 머릿속에 콕 박힌 단어다. 연애를 잘 하려면 지난 연애에 공들인 노력을 자꾸 생각하면 안 된다고 얘기했던 인기 많은 친구의 명언이 생각났다. '지나간 것은 지나간 대로 아무 의미가 없다.'
매몰비용을 배운 이후 나는 든든한 지원군을 얻은 듯 이 개념을 여기저기 써먹었다. 높은 경쟁률을 뚫고 이 회사에 들어왔어도 그만둘 때 그 경쟁률을 아까워하지 않기로 했다. 과거는 더 묻지 않고 현재의 나로 살기로 마음먹었다.

누군가를 사랑할 때 우리는 '왜 사랑하는지' 묻지 않는다.

마찬가지로 회사를 그만두고, 직업을 바꾸고, 다른 전공 공부를 하는 이유가 구구절절 길 필요가 있을까. 누군가는 두 번의 퇴사 후 전공을 바꿔 유학을 떠나는 상황이 실패라고 여길 수도 있겠지만 내 선택의 이유를 다른 사람이 찾도록 내버려 두고 싶지 않았다. 상대방이 "그거 왜 해요?"라고 물으면 답은 간단하다.

"그냥 좋아서요."

편도 비행기표 —
돌아올 날이 정해지지 않은 티켓을 사다

"올해 휴가엔 어디로 가세요?"
회사에서 사람들과 같이 점심을 먹다가 휴가 주제를 꺼내면 갑자기 분위기가 환해졌다. 휴가를 한 번에 며칠을 몰아서 쓸 수 있는지 들으면 그 팀의 분위기가 대충 짐작이 되고 어디로 가고 싶은지 목적지를 들으면 그 사람의 성격을 알 수 있다.
예를 들어 휴가가 5일밖에 안 되는데 공휴일을 뒤에 끼고 앞에 주말을 붙여서 어떻게든 쿠바로 떠나겠다는 사람은 여행에서 겪는 고생은 당연하게 생각하는 유형이다. 쿠바까지 적어도 20시간은 걸리니, 되도록 이곳을 멀리 떠나 현실을 잊고 싶은 상황일지도 모른다. 어떤 사람은 휴가가 똑같이 5일인데 동남아의 어느 휴양지 유명 리조트에서 쉬고 싶어 할 수도 있다. 경험상 이런 유형은 본인이 가고 싶은 휴가라기보다 가족이나 누군가의 요청에 의해 잡힌 일정일 가능성이 높다. 물론 해외여행과 별로 안 친한 사람도 있다. 휴가를 쓸 수 있으면 집에 틀어박혀 하루 종일 드라마를 몰아보면서 배달음식으로 배를 채우고 실컷 잠이나 자고 싶다는 유형이다.
그래도 대부분의 사람들은 비행기표를 사는 그 순간 어쩔 줄 모르는 기쁨에 사로잡힌다. 나 역시 직장생활을 하면서는 거의 1년 치 해외여행 계획을 미리 짜놓고, 일상이 지겹거나 우울할 때 비행기표를 검색하곤 했다. 황금연휴는 물론이고 일본이나 홍콩, 동남아는 밤 비행기표를 이용해 1박 3일, 2박 4일 같은 무지막지한 스케줄을 흔쾌히 감당하며 떠나기도 했다.

몇 년간 그렇게 달콤한 휴가만을 바라보며 살아보니 일상은 지옥처럼, 여행은 천국처럼 느껴졌다. 우연히 상상 속 유니콘 같은 존재인 북유럽에 사는 친구를 만나면 여행의 좋은 기억을 풀어놓으며 부럽다는 말을 반복했다. 친구는 너무 많이 들어서 지겹다는 표정으로 대답했다.
"야, 거기 살아보지도 않았으면서 그렇게 말하면 안 돼."

짧으면 3일, 길면 2주 정도 되는 여행은 새로운 나라에서 많은 것을 보고 느끼기에는 부족한 시간이었다. 더군다나 나는 한국인의 근성을 착실히 따랐다. 아까운 휴가 기간에 늦잠은 허용되지 않았다. 하루 3끼가 아쉬우니 꼭 먹어야 할 음식과 식당 목록을 미리 만들었고 혹시 못 가게 될까봐 동선을 여러 번 체크했다. 친구와 여행할 때도 마찬가지였다. 서로 가고 싶은 곳 목록을 비교하며 모두를 만족시킬 수 있는 계획을 짰다. 실컷 먹고 맘껏 돌아다니면 그동안 채우지 못했던 자유의 욕구가 슬그머니 꼬리를 내렸다. 한국에서는 점심 메뉴도 마음대로 정하지 못했는데 해외에 나가니 아무도 나를 제지하지 않았다. 팔뚝살을 맘껏 드러내고 슬리퍼를 질질 끌고 다니거나 주변의 시선은 신경 쓰지 않고 이상한 포즈로 사진을 찍어도 괜찮았다.

돌아오는 비행기를 탈 때면 한 번쯤은 짧은 휴가 대신 한 곳에 머무르며 살아보면 어떨까 싶은 생각이 들었다. 흔한 어학연수도, 교환학생도 한 번 가지 않고 서울 한 구석에서 쭉 살면서 매번 편도 대신 왕복 비행기표를 결제하며 지나간 기회를 아쉬워했다. 돈 쓰며 놀러 다니면 어디든 좋을 거라고 특히 돈 많으면 한국이 천국이라는 동료의 말이 위로가 되기도 했지만 매번 휴가 때마다 맛집 고르듯 여행지를 고르는 것도 점점 피곤해졌다.

내가 살았던 이태원에는 항상 여행자가 많았다. 외국인뿐 아니라 다른 지역에서 놀러 온 한국인 여행자들은 캐리어를 드르륵 끌며 거리를 구경한다. 주말이면 방송에서 소개된 맛집에 줄이 길게 늘어서고, 여행자들이 먹고 버린 쓰레기들로 거리는 쉽게 지저분해진다. 여행자에게는 한 번 떠나면 다시는 오지 않을 이곳이 내게는 일상이다. 내 눈에는 딱히 신기할 것도 없고 그저 음식점만 주르르 모여 있는 시끄러운 거리이지만, 처음 온 방문객에게는 그렇지 않은 것 같다. 그들의 눈은 뭔가 있어 보이는 이 거리가 새로운 경험을 하게 해주리라는 기대감으로 반짝반짝 빛나고 있다.

"다른 나라에서 길게 살아보고 싶어요. 휴가로 가는 짧은 여행 말고요."
어디든 돈만 있으면 쉽게 갈 수 있는 세상, 그럼에도 불구하고 외국에 가서 살아야 하는 이유가 무엇인지 되묻는 사람에게 아직 다른 나라에서 살아보지 않아서 잘 모르겠다고 답할 수밖에 없었다. 어차피 2년이든 4년이든 학교를 마치면 한국으로 돌아오지 않겠냐는 질문에는 그곳이 좋다면 계속 살아볼 것이라고 대답했다. 사람들과의 대화로 인해 자연스레 내 선택지는 좁혀졌.
공부를 하고 오래 남아 있을 수 있는 방법이 있는 곳. 내가 살아보고 싶은 환경인 곳.

학생비자를 받아 편도 비행기표를 끊었을 때 이전의 여행들에서 느끼지 못했던 묘한 긴장감이 느껴졌다. 한국의 일상을 복사- 붙여 넣기 하듯 살 수 있을까, 아니면 전혀 새로운 삶이 날 기다리고 있을까.

나에게 예술은 '깡통'이다 —
다시 즐겁게 내 마음내로 그리기

피카소는 모든 어린아이들이 예술가라고 말했다. 그도 어린아이처럼 그리기 위해 평생 노력했다고 한다.

아주 어렸을 때 예술은 모두에게 즐거운 놀이였다. 모래성을 쌓거나 점토를 만질 때, 북을 두들기고 노래를 부를 때면 그 시간에 흠뻑 빠져 재미있게 놀았던 기억이 난다. 옆 친구와 경쟁해야 할 필요가 없으니 서로 만든 작품을 보며 낄낄 웃기도 했고 칭찬하기도 했다. 나는 점토만 쥐면 과일부터 닭고기, 돈가스, 시루떡 같은 걸 만들었다. 집에서 자주 먹으니 기억도 뚜렷했고 먹음직스럽게 만드는 건 특히 잘했다. 바짝 마른 점토 겉면에 붓칠을 할 때는 생명을 불어넣어주는 느낌이 들어 뿌듯했다.

자랑하고 싶어 집에 들고 가니 엄마가 작은 깡통을 하나 씻어서 줬다. 예쁜 조약돌이나 나뭇가지를 주우면 펜으로 표정을 그려 넣어 그 깡통에 넣었다. 내 손에만 들어오면 모든 사물이 살아 움직여서 말을 걸었다. 깡통은 점점 무거워졌고 다양한 사물들이 복작복작 떠드는 아파트가 되었다. 하지만 나이가 들수록 내게는 점토나 조약돌보다 중요한 일이 많아졌다. 그 후 버려진 상자를 발견하고 깡통의 기억을 떠올리기 전까지, 즐거웠던 놀이시간은 까맣게 잊혔다.

크레파스와 어린이용 수채화물감만 쓰다가 미술학원을 다녀보라는 선생님 권유에 어린이 미술학원을 찾아갔다. 첫날 명암과 입체 그리는 법을 배웠다. 책상 앞에 앉아 1부터 10까지 선생님이 그려준 대로 점점 어둡게 칠했다. 선생님은 연필을 뾰족하게 깎아서 도넛에 설탕을 뿌리듯이 칠하면 된다고 했다. 얇고 약하게 최대한 여러 번. 그다음에는 원을 그리고 선생님이 써준 숫자대로 명암을 칠했다. 원을 넘어가거나 지우개 자국이 희미하게 남으면 혼이 났다. 새 것처럼 빡빡 지워야 해. 처음부터 선을 넘지 말던가.

집 안 공간이 부족해
쌓아두기 시작한 그림들.
못 그렸다고 숨겨두지
말고 꺼내보기로 했다.

2013. 11. 27
Mexico City

여행 드로잉. 자유롭게.
내 마음대로. 멕시코의
선명한 분위기를 표현하고
싶었다.

선생님이 그려야 할 대상을 정해주면 자동적으로 손이 움직였다.
나는 물끄러미 바라보는 습관이 없어졌다. 머릿속에 있는
습관대로 그리다보니 비슷비슷한 그림이 쌓였고 더 이상 틀리지
않았다. 그릴수록 팔목이 아프고 재미도 없고 싫증이 났다.
오랫동안 앉아 있는 시간은 학교 수업과 시험공부로 충분했다.
결국 미술학원을 그만뒀다.

중고등학생 시절에는 백일장과 사생대회가 매년 있었다.
올림픽공원에 친구들과 둘러앉아 도시락을 까먹으며 글을 쓰고
그림을 그렸다. 대부분 수다 떨고 노느라 마감시간에 쫓겨 쓴 짧은
시와 급하게 그린 풀 몇 포기가 전부였지만 등 뒤로 피어오르는
노을과 친구의 얼굴은 아련하게 기억이 난다. 하늘을 빨갛게,
풀은 노랗게, 우리는 파랗게 칠했다. 아무도 그림은 어떻게 그려야
하는지 묻지 않았고 아무도 왜 이렇게 그렸냐며 따지지 않았다.

퇴근을 하면 몸은 피곤했지만 머릿속엔 무엇인가 하고 싶은
욕망이 가득했다. 집에 돌아오면 아무것도 하고 싶지 않아 젖은
빨래처럼 침대에 널브러져 있다가 자연스럽게 펜을 쥐었다.
부드러운 마시멜로우를 하나씩 입에 넣듯 그림을 그렸다.
무리하지 않고 딱 좋을 만큼만. 선생님도 없고 시험도 없고 나와
펜과 종이와 예쁜 거리만 있으니 내 마음대로 그릴 수 있어서

좋았다.

그래도 떳떳하게 '저 그림 그려요'라고 말하고 다니지는 못했다. 취미라기에는 꾸준함이 부족했고 좋아하는 일이라기에는 남들에게 보여줄 만큼 잘 그리지 못했다. 작가의 책을 뒤적이거나 미술관에 갈 때마다 더욱 나는 그림과 관련이 없다고 생각했다. 전공자도 아니고 입시미술도 안 했고 제대로 배워본 적도 없는 내가 감히 그림을 좋아할 권리가 있을까 싶었다.

자신감 없는 나도 빠르게 그리는 펜 드로잉은 좋아했다. 거리를 지나는 사람이나 금방 없어지는 디저트를 노트에 담으려면 잘 그려야 한다는 부담감이나 선을 똑바로 그어야 한다는 압박을 느낄 틈이 없었다. 원하면 색을 넣고 물 묻은 붓을 살짝 스쳐서 번지게 만들 수도 있었다. 혼자 그리기 심심하면 카페에 모여 함께 그림을 그리는 모임에 슬쩍 나갔다. 내가 어떤 사람인지 소개하지 않아도 되니 그림만 같이 그리는 관계가 편했다. 여럿이 모여 있으면 부끄러워하거나 누가 볼까봐 손으로 가릴 필요가 없었다.

다시 가볍게 드로잉을 시작했다. 누군가에게 보여주기 위해 잘 그려야 한다는 부담감을 느끼기 전에 재미를 찾고 싶었다.

여행지에서 그렸고 지하철에 앉아서 보이거나 생각나는 것을 그렸다. 짧은 선이 쌓여 스케치북이 되고 깡통은 점점 채워졌다. 나에겐 작은 목표가 생겼다. 최대한 많은 깡통을 만들어 채우는 것.

취미미술, 어디까지 해봤니 —
무엇을 어떻게 그릴지 배울 수 있을까

미대를 나오지 않은 사람이 뒤늦게 미술에 관심을 가지면 가장 먼저 문을 두드리는 곳은 취미미술학원이다. 요즘엔 그래도 더 자유로운 드로잉 모임도 많이 생겼지만 어떤 것부터 해야 할지 모를 때는 뭔가 정석대로 가르쳐줄 것 같은 학원에 조금 더 신뢰가 가게 마련.
연필이나 펜은 쉽게 접하고 쓸 수 있지만 수채화, 오일파스텔, 아크릴 같은 다른 재료가 써보고 싶어 화방에 혼자 들어갔다가 당황해서 황급히 빠져나오기도 했다. 어렵게 재료를 구하고 나니 무엇을 그려야 할지 몰랐다. 물어볼 사람도 없었고 인터넷만 검색하다 포기했다.

친구가 한 미술학원을 추천했다. 색연필로 그린 예쁜 그림을 보여줬는데 자신이 그렸다며 어떠냐고 물었다. 친구의 성격처럼 꼼꼼하고 부드러웠다. 꽤 오랜 시간 공들여 그린 것 같은데 어떻게 그렸는지 물으니 친구는 사진 한 장을 보여줬다. 선생님이 그린 작품을 보고 똑같이 따라 그리면 된다고 했다. 자연스럽게 색연필의 특성을 익힐 수 있고 그림이 예쁘니 마음에 든다고 했다. 혼자 그리면 자주 망치는데 화실에서 그리면 선생님이 계속 봐주니 틀릴 걱정은 없다고 했다. 너도 그림 좋아하잖아. 같이 다닐래?

꽤 오래 고민하다 거절했다. 거리가 멀다는 핑계를 댔지만 솔직히 나는 색연필 그림이 마음에 들지 않았다. 하지만 내가 잘 모르는 것을 물어볼 곳이 있다는 점이 끌렸다. 다시 검색해서 문화센터에서 하는 미술수업을 신청했다. 반짝거리는 구두나 울퉁불퉁한 나무토막의 질감을 표현하고 옆에 앉은 다른 학생을 그리기도 하면서 즐거웠다. 8주가 지났을 때 선생님에게 찾아가서 미술을 계속하고 싶으면 어떻게 해야 하냐고 물었다. 선생님은 자신의 화실에 오라며 연락처를 줬다. 무엇이든 원하는 대로 그리고 싶은 걸 그릴 수 있어요.

화실은 문화센터보다 사람이 훨씬 적고 언뜻 개인적인 공간으로 보였다. 구두나 나무토막같이 보고 그릴 만한 사물이 없어

두리번대고 있는 나에게 선생님이 명화 모음집을 가져다줬다. 그리고 싶은 명화를 고르고 최대한 비슷하게 목탄이나 파스텔로 표현하면 된다고 했다. 나는 왜 명화를 따라 그려야 하는지 물었다. 재료의 특성과 색, 구성 등 다양한 그림의 요소를 가장 효과적으로 배울 수 있는 방법이라는 대답이 돌아왔다. 어두운 색부터 깔고 시작한다, 원색을 그대로 쓰지 말고 회색이나 미색이 섞여야 한다, 마무리에 시간을 많이 쓰고 가장 밝은 하이라이트는 최종적으로 해야 한다 등 많은 법칙이 빠르게 내 머릿속으로 들어왔다.

색연필 그림을 보여줬던 친구는 더 이상 학원을 다니지 않는다고 했다. 내 그림을 보더니 반가워했다. "앗, 나도 이 그림 알아! 나도 만약 계속 학원을 다녔으면 아마 파스텔 코스로 넘어갔을 거야. 진짜 비슷하게 그렸다!" 그림은 점점 비슷해졌지만 내 그림이 아니었다. 진짜 내 그림은 언제 그릴 수 있을까. 명화를 한동안 그리다가 사진을 따라 그리기 시작했다. 여행지에서 찍은 사진들, 누군가 잘 찍은 사진이 주로 대상이 되었다. 사진의 구도대로 스케치를 하다 짜증이 났다. 이건 사진이잖아. 왜 사진을 똑같이 베끼듯 그려야 하는 거지? 그리고 미술이 그림만 있는 건 아니잖아. 다른 건 어디서 배워야 하는지 모르겠다고 순수미술을 전공한 친구를 붙잡고 하소연하자 이런 답이 돌아왔다.

"취미미술은 원래 그래. 아니면 유학을 가든지. 외국에선 따라 그리기 안 시켜."

한국에서 취미로 미술을 즐기는 건 어렵지 않아 보였다. 분위기 좋고 커피 향 가득한 장소에서 사람들과 떠들며 서로의 그림을 칭찬하고 여유로운 주말을 보낼 수 있는 방법은 많았다. 하지만 난 그 어디에서도 충분히 배운다는 만족감을 가질 수 없었다. 미대를 나온 친구 A의 작품은 '체험 삶의 현장'인데 내 그림은 '문화가 소식'처럼 느껴졌다. A는 출근하듯 정해진 시간에 작업을 시작하고 내가 기획서를 쓰는 것처럼 스스로 목표를 만들고 내가 업무 미팅하듯 작가들을 만났다. A의 삶에는 이미 예술이 큰 자리를 차지하고 있는데 나는 그저 주말을 조금 더 재미있게 보내기 위해 노력하는 것뿐이었다.

그렇다고 취미미술이 잘못됐다고는 생각하지 않는다. 그저 내가 만족할 수 없는데 다른 대안이 없었던 게 아쉬웠다. 예술을 취미의 연장선 어디쯤에 두는 것과 삶에 끌어들여 함께 살아가고 있는 건 어떤 차이가 있을까 궁금했다. 나에게 다른 대안이 있었다면 어땠을까. 더 적극적으로 찾아보지 않았던 내가 잘못한 건지 아니면 취미미술, 전공, 유학미술을 구분 짓는 선이 어딘가에서 나를 걸고 넘어졌는지 알 수 없는 일이다.

다 망하고 거지가 되면 어쩌지 —
좋은 경험이 나를 만든다는 믿음

나는 자주 꿈속에서 거지가 됐다. 매달 꼬박꼬박 통장에 찍히던 돈이 더 이상 들어오지 않게 되면서 25일 전후가 되면 한동안 어김없이 악몽을 꿨다. 머리로는 알고 있었다. 퇴직금이 들어오고 나면 숫자는 계속 줄어들 수밖에 없고 이제부터 가난하게 살아야 했다. 하지만 돈을 더 이상 벌지 않는다는 사실을 마음으로 받아들이기는 어려웠다. 유학을 가기 위해 학비와 생활비를 계산해서 몇 년간 버틸 수 있는 돈을 모았더라도 전셋값까지 탈탈 털어 들고 가는 현실에 마냥 웃을 수 없었다.

'공부도 잘 못하고 일자리도 못 구하고 다 망해서 아무것도 없이 돌아와야 하면 어쩌지? 이렇게까지 큰 비용을 지불할 만한 도전일까?'

학교 홈페이지에 나온 학비를 검색해보면 현지 학생과 비교해서 국제학생은 적게는 2배에서 많게는 4배 정도 많은 학비를 내야 한다. 생활비는 도시별로 차이가 있지만 학교와 가까운 곳에 살기 위해서는 꽤 비싼 월세를 감당해야 하고 물가는 한국과 비슷하거나 조금 높다. 캐나다는 외국인이 공부하면서 주당

20시간까지 일할 수 있지만 매일 과제를 하면서 일을 할 에너지가 남아 있을지는 모르겠다. 졸업할 때까지 몇 년 동안 수입은 없을 거고 취업이 얼마나 빨리 될지 모르니 유예 기간도 고려해야 한다. 아, 방학 기간은 계산하지 않았다.

부모님의 도움을 받지 않고 순수하게 저축한 돈으로 떠나는 유학은 누군가의 말처럼 '간이 부은' 도전이다. 나처럼 배우자와 간다면 배우자의 응원과 헌신, 그리고 계획적인 지출이 필요하다. 혼자 떠난다면 어떻게든 아끼고 또 아껴야 한다. 항상 현실에서는 계획과 달리 변수가 발생하기 때문에 돈을 더 쓰는 일은 있지만 덜 쓰는 법은 없다. 그렇다 해도 나는 모든 즐거움을 포기하고 수도승처럼 도를 닦으며 유학생활을 보내고 싶지는 않았다.

몇 년 전, 『론리 플래닛 Lonely Planet』을 만든 휠러 부부 이야기를 읽었다. 안정적인 직장의 입사 제안을 뒤로하고 아시아를 횡단한 후 그들의 손에 남은 건 카메라와 27센트가 전부였다. 그들은 여행기를 쓰기 시작했고 사람들의 의견을 모았다. 이야기가 모여 전 세계 사람들이 사랑하는 여행 플랫폼이 탄생했다. 하지만 그들이 처음부터 인정받은 여행가는 아니었다. 1970년대에는 직장을 그만두고 세계여행을 하는 부부가 그리 흔하지 않았다. 누가 봐도 무모하고 어리석었다.

가난을 판단하는 기준을 월급통장에 둔다면 이 부부는 오랜 기간 가난했다. 하지만 그들은 기꺼이 새로운 경험에 많은 시간을 투자했다. 경험은 돈처럼 당장 무엇을 살 수는 없지만 우리에게 이야기를 만들어준다. 그 이야기는 계속 쌓여서 결국 특별한 정체성을 가진 브랜드가 된다.

이야기는 새로운 브랜드로 나오기 전에 다른 사람에게 인정받기 쉽지 않다. 예를 들어 누군가 공항에서 살아본 경험을 가지고 있다면, 그것이 책 『공항에서 일주일을』이나 영화 〈터미널〉로 나오기 전에 어떤 가치를 지니는지 알 수 없다. 경험이 이야기로 바뀌기 위해서는 아이디어와 의지가 중요하다. 다들 스쳐 지나가는 공간인 공항에서 지낸 경험이 책이나 영화, 혹은 다른 무엇인가로 쓰여서 대중의 공감을 얻든지, 어떤 사정으로 힘들기만 했던 구질구질한 기억으로 흐려질지는 자신에게 달렸다.

그렇다면 혹시 경험하지 못할까봐 생기는 두려움은 없는 걸까? 다 망해서 거지가 되는 두려움보다는 확실히 덜하다. 그래서 자주 잊는다. 비록 돈은 항상 부족하지만 새로운 경험과 나만의 이야기에 투자하고 있는 거라고 믿는다면 마음의 긴장을 조금 풀어줘도 괜찮을 것 같다.

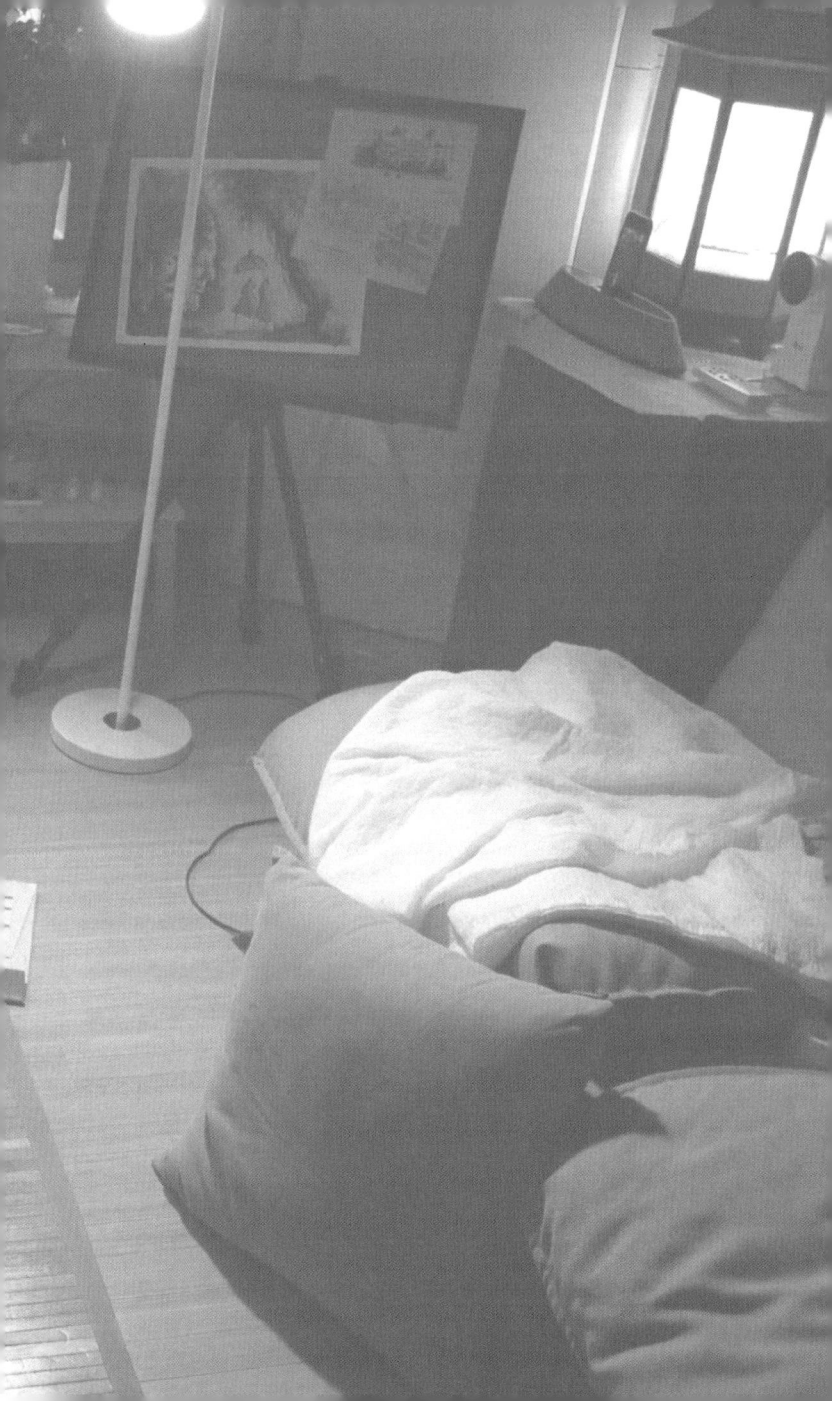

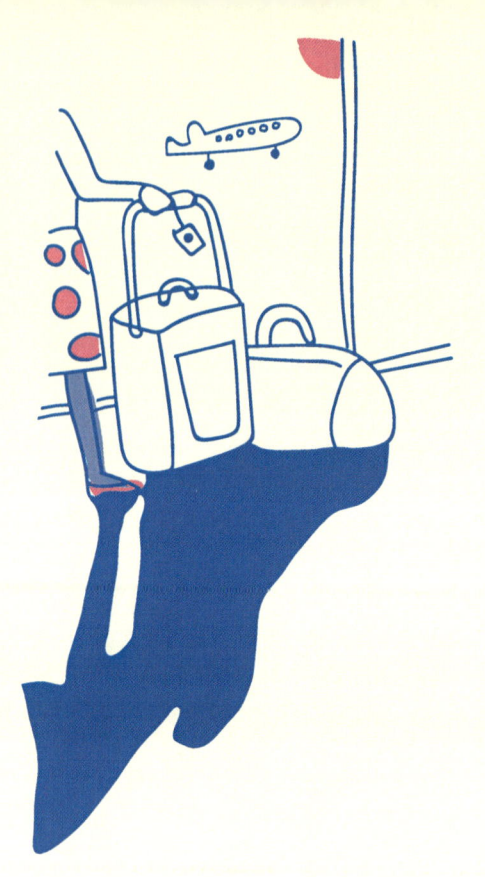

3

막막하지만 혼자 준비하는 유학

정말 혼자 준비할 수 있을까 —
포트폴리오는 어떻게 만들었어?

미술 유학을 준비하면서 나를 가장 괴롭혔던 것은 당연히 포트폴리오였다. 영어 성적? 영문 자기소개서? 일단 낯설지는 않았다. 그런데 포트폴리오 제출 요건을 읽다보니 등에 줄줄 식은땀이 흘렀다.

나도 모르게 아찔해졌다. 이건 나 혼자 할 수 있는 게 아니야. 다급한 마음에 '유학 포트폴리오'를 검색했다. 유학원과 포트폴리오 학원에서 올린 광고가 주르르 떴다. 광고는 친절하게 나에게 이렇게 속삭였다.

'수능과 대학입시보다 더 어려운 미술 포트폴리오를 과연 네가 혼자 만들 수 있을까? 학원으로 와. 그게 더 빠르고 편해.'

홈페이지에 나와 있는 합격 예시와 후기를 읽어보니 비싸더라도 지금 당장 학원을 다녀야 할 것 같은 불안감이 들었다. 당장 상담 예약을 하고 학원을 찾아갔다. 주로 고등학생의 어머니를

상대하는 실장은 나를 보자 살짝 부담스러워하는 눈치였다. 내 돈을 써야 하니 비싼 학원비가 마음에 걸려 이것저것 귀찮게 계속 물어봤지만 결국 속 시원한 대답은 듣지 못했다. 단지 다음 달 수업시간표와 미대 순위표만 손에 쥐었을 뿐.

학원에서 언뜻 보여준 합격생 포트폴리오는 대단했다. 하지만 어떤 학생의 잠재력이라도 이끌어낼 수 있다는 실장의 과장된 목소리가 왠지 믿음직스럽지 않았다. 그렇게 쉬운 거면 누구나 할 수 있는 거 아닐까? 나는 그렇게 현실적인 조건을 따지는 사람은 아니었지만 뭐가 뭔지 판단할 수 있는 눈치는 있을 만큼 나이를 먹었다. 학원에서 들은 말을 떠올릴 때마다 기분이 썩 좋지 않았다.

답답해서 이미 오래전에 유학을 떠나 대학원을 다니고 있는 친구에게 물었다.
"입학 포트폴리오 어떻게 만들었어?"
대답은 간결했다.
"학교에서 만들었지."
친구의 말은 냉장고에 코끼리 넣는 방법과 비슷했다. 냉장고 문을 연다. 코끼리를 넣는다. 냉장고 문을 닫는다.

불안한 마음을 안고 그래도 혼자 준비해보기로 마음먹었다. 내가 잘나서 모든 과정을 혼자 할 수 있다는 자신감이 아니라 유학 가서 쓸 돈을 아끼고 싶은 소심한 마음 때문이었다. 매일 마시는 커피값 계산해가며 힘들게 모은 돈인데 학원비에 펑펑 쓸 수는 없었다. 돈을 떠올리면 물감 한 개 쉽게 사기 어려웠고 비싼 수입지는 만지작거리다가 포기하곤 했는데 출발선에 서기도 전에 빈털터리가 될 수는 없지. 유학생활에 돈이 얼마나 들지도 모르니 떠나기 전까지 혼자 준비해보자고 결심했다. 물론 준비 기간 내내 방향 없이 달리는 마라토너가 된 느낌이었지만 이왕 달리기 시작했으니 끝까지 가보기로 했다.

현실과 욕망 사이에서 —
캐나다 대학에 지원하다

"파인아트, 순수미술 멋있잖아!"
그래 멋있지. 하지만 그 후에는?

포트폴리오를 한창 준비하고 있는데 어떤 전공을 할지 정하지 못했다. 캐나다로 떠나는 건 확실했다. 결혼한 학생의 배우자에게 취업비자를 주는 나라는 그리 많지 않았지만, 캐나다에서는 남편에게 취업비자를 주었기 때문이다. 또 영어 이외에 새로운 언어를 배우기 위해 시간을 더 쓰고 싶지 않았다. 세계 지도를 보며 각 나라의 비자 제도를 조사하고 학비를 검색하며 하나씩 지워나가니 캐나다만큼 좋은 조건을 가진 곳이 없었다.
캐나다는 2년제 이상 공립대학을 졸업한 외국인에게 최대 3년의 취업비자를 주고 있다. 각 주마다 세부 조건은 다르지만 3년 중 1년 이상 풀타임으로 일한 후 영주권 신청이 가능하다. 나는 그 가능성을 열어놓고 싶어서 캐나다를 선택했다. 만약 한국에서 사는 것보다 캐나다의 삶이 더 힘들고 불행하면 굳이 영주권을 따기 위해 몇 년을 희생할 필요는 없지 않을까. 반대로 한국으로 돌아가고 싶지 않고 계속 남아 있고 싶을 때 문이 열려 있길 바랐다.

캐나다로 유학 장소를 정한 이후에도 불안은 쉽게 사라지지 않았다. '3차 산업이 발달하지 않은 캐나다에서는 미술계 취업이 어렵다'는 포트폴리오 학원 실장의 단호한 말이 계속 떠올랐다. 내 주변에도 캐나다로 유학 간 사람은 MBA 혹은 미술과 상관없는 전공을 공부하기 위한 이들이 대부분이었다. 몇 개 유명한 미대는 있지만 확실히 미국의 명문대에 비해 인기가 떨어졌다. 졸업을 한다고 해도 취업을 할 수 있을지 모른다면 한국에 돌아와서 인정받아야 하니 다들 누구나 알 만한 학교를 가고 싶어 했다. 반대로 캐나다도 나름 장점이 있다. 미국, 영국 등 주로 유학생들이 모이는 나라에 비해 학비가 저렴하다. 공부를 하면서 일할 수 있다. 하지만 정보가 없었다.

전공을 당장 정하려니 어려워서 커리큘럼을 찾았다. 캐나다의 4년제 미술대학에는 영국과 마찬가지로 1년의 파운데이션 과정이 포함되어 있다. 1년 동안 세부 전공을 정하지 않고 듣고 싶은 수업을 선택하고 다양한 스튜디오 코스에 참여할 수 있다. 2학년 때는 전공 방향을 정하지만 프로젝트를 위해 다른 전공 수업도 듣게 된다. 그리고 3, 4학년 동안 집중적으로 개인 작업을 하고 졸업전시회를 한다. 언뜻 보니 4년제 미술대학에 들어가면 세부 전공을 당장 정할 필요가 없었다. 하지만 다시 4년을 온전히 공부하기 위해 써도 될지 걱정이었다. 4년 뒤면 내 나이가 얼만데.

내 마음 한쪽에서는 그 소중한 시간을 간절히 바라는 욕망이 있었다. 몇 년 동안 미술만 생각하며 살면 얼마나 좋을지, 그리고 내 아이디어가 발전하고 깨지고 새롭게 만들어지는 과정이 얼마나 짜릿할지 상상만으로도 행복했다. 학교 홈페이지에 들어가면 볼 수 있는 개인용 스튜디오와 졸업 작품들을 보면 질투가 났다. 캐나다에서 미술로 취업을 못하면 한국에 돌아와야 하고 지옥 같은 업무 환경을 가진 회사에 입사하기 위해 노력해야 하지만, 미술만 생각하며 보낸 4년 동안의 경험이 나에게 어떻게 남을지 궁금했다.

동시에 디자인도 공부하고 싶었다. 세상에는 멋진 디자이너가 너무나 많다. 그들의 반짝이는 아이디어도, 다양한 문제를 시각적으로 풀어내는 과정도 멋지다. 특히 내가 살아온 문화가 아닌 전혀 다른 곳에서 새로운 사람들과 공부하면 내가 가진 경험이 다양성으로 인정받을 수 있을 것 같았다. 그래서 취업률이 높은 2년제 컬리지도 같이 찾아보기 시작했다.

캐나다의 각 주에는 그곳을 대표할 만한 컬리지가 있다. 학과도 매우 많고 6개월에서 2년까지 기간도 다양하다. 수요에 따라 학과가 개설되기도 하고 폐지되기도 하고 가끔 (영주권자 이상에게만 해당되는) 무료 전공이 생기기도 한다. 학비는 주에 따라 다르지만 4년제 대학보다는 저렴하며 다양한 장학금에 국제학생도 지원할 수 있다. 인터뷰 영상이나 입학 자료를 보면 학생의 연령대가 다양하다. 주로 일을 하다가 추가로 필요한 지식이 있거나 커리어를 바꾸고 싶은 현지인들이 컬리지를 많이 가는 듯하다.

디자인 전공은 그래픽 디자인과 웹디자인 위주로 개설되어 있고 입학 포트폴리오에 드로잉, 페인팅뿐 아니라 로고나 간단한 프린트물을 제작하는 과제가 포함된 경우가 있다. 포토샵이나 일러스트레이터를 사용하지 않고 손으로 그리더라도 반드시 스캔을 해서 파일로 제출해야 한다. 컬리지에서는 2년 동안 취업에 필요한 기술을 배우고 졸업 포트폴리오를 만들기 때문에 커리큘럼이 빡빡하고 마지막 학기에는 대부분 인턴십이 포함되어 있다.

결국 4년제 대학과 2년제 컬리지에 모두 지원하고 마지막에 결정하기로 했다. 누군가의 삶이 다른 이에게 정답이 될 수 없다. 내 선택이 미래의 나에게 최선이라는 보장도 없고 후회를 해도 과거는 변하지 않는다. 눈앞에 주어진 선택지를 저울에 올려놓고 결과를 감당할 용기를 얻는 시간은 나름 의미가 있었다. 그 시간을 통해 인생의 한 부분을 돌아가게 되더라도 결국 큰길에서 다시 만날 거라는 작은 확신을 얻었다.

비자를 주세요 —
서류 준비, 쉬운 게 하나도 없네

학교에서 입학 허가를 받으면 공식 문서가 하나 날아온다.

이 문서를 시작으로 비자 신청을 해야 한다. 보통 유학원을 통해 수수료를 내고 비자 서류를 준비하는데 나는 이왕 혼자 시작했으니 비자 신청도 혼자 해보자 싶었다. 조기교육이 아닌 이상 캐나다에서 공부를 시작하는 사람들은 대부분 영주권이나 적어도 졸업 후 주어지는 워킹비자까지는 고려하게 된다. 만약 시작을 스스로 해보지 않았다면 학생비자 연장이나, 졸업 후 취업했을 때 비자는 어떻게 해야 할지, 영주권 신청은 어떻게 이루어지는지 다시 처음부터 고민해야 하지 않을까. 그때마다 다른 이의 도움을 받는 것도 방법일 수 있겠지만 어차피 서류 준비는 스스로 해야 한다. 아무것도 모르는 상태에서 사이트 이곳저곳을 다 클릭해보고 문의 메일도 보내다보니 오히려 앞으로 만나게 될 다양한 어려움에도 '해보면 되지'라는 자신감이 생겼다.

미국으로 유학 가는 친구들이 준비하며 힘든 과정을 겪는 걸 본 적이 있다. 그에 비해 캐나다 비자는 인터뷰도 없고 서류 준비도 많이 까다롭지 않다. 특히 나처럼 해외에서 여행 이외에 장기 체류 경험이 없고, 범죄 기록도 없고, 몸이 건강한 사람이라면 한국 내에서 모든 서류를 2~3일 내에 준비할 수 있다. 또, 전문 번역이나 공증을 받지 않아도 어느 정도의 서류 번역은 스스로 해도 괜찮다.

캐나다 이민국 사이트에는 매뉴얼이 친절하게 나와 있었다. 내 학생비자와 워킹비자, 그리고 배우자 워킹비자까지 한꺼번에 신청해야 해서 준비할 서류 양이 꽤 됐다. 다른 항목은 나온 그대로 준비하면 되는데 가장 애매한 건 '재정보증서류'였다. 학비와 생활비를 스스로 충당할 수 있는지, 혹은 가족이 도와줄 수 있는지를 증명하기 위한 서류를 제출하라고 쓰여 있었다. 결국 '너 돈 얼마나 있니?' 묻는 질문이었다.

주거래 은행이 기업은행이라 가까운 지점에 가서 영문으로 잔고내역서와 통장거래내역서를 출력해달라고 했다. 하지만 통장거래내역서는 영문으로 발급하지 않는다고 했다. 직접 1년 치 거래 내역을 전부 번역해야 하나 싶어 답답했다. 다행히 국민은행은 모두 영문으로 발급해줄 수 있다고 했다. 결국 기업은행 거래내역서는 국민은행 발급본을 보며 혼자 번역했다. 잔액, 거래일자, 내역같이 소제목에 해당하는 한글만 영어로 바꿔주면 되는데, 왜 이렇게 간단한 서비스도 제공하지 않는지 의문이었다.

캐나다는 매뉴얼로 움직이는 나라라는 인상을 처음 받았다. 가족관계 증명서나 혼인증명서 같이 영어로 발급되지 않는 문서의 경우 번역을 해야 했는데 당연히 번역 공증 업체에 가서 공증을 받아야 하지 않을까 싶었지만 그럴 필요가 없었다. 홈페이지에 '반드시 공증을 받으라'는 말이 없으면 스스로 번역해서 올려도 상관없다는 의미였다. 혹시 틀리게 번역하면 어떻게 구별할 수 있을까 궁금했지만 내가 올린 번역본은 어떤 지적도 없이 무사히 통과했다.

서류 접수를 마치고 기다리는 일만 남았다. '비행기표를 사기 전에 비자가 나와야 할 텐데……' 기다리며 조마조마했다. 한국의 캐나다 영사관에서는 비자 업무를 하지 않기 때문에 만약 문제가 생기면 필리핀에 연락해야 했다. 캐나다행 비행기표를 사기 전에 필리핀부터 가게 되는 건 아닌지, 떨리는 마음을 붙잡고 계속 기다렸다. 43일쯤 됐을 때 도저히 안 되겠다 싶어 필리핀으로 메일을 보냈다.

"나 너무 오래 기다렸어. 대체 언제 되는 거니? 문제가 있으면 얘기해줄래?"

그리고 아무 답변 없이 다음 날 비자 승인이 났다.

23킬로그램의 전 재산 —
나를 보듬는 짐의 무게

유루리 마이의 책 『우리 집엔 아무것도 없어』를 읽다보면 맨 마지막에 진짜 아무것도 없는 집이 나온다. 지진이 나더라도 짐에 깔려 죽고 싶지 않아서 어떻게든 물건을 버리려 애쓰는 주인공 모습이 재미있다. 이 책을 읽고 아무것도 없는 집 사진에 자극을 받아 한동안 열심히 물건을 정리했다. 어차피 유학을 가고 나면 다 버릴 것이라는 생각이 들었지만 정작 스케치북과 캔버스는 물론 망친 드로잉은 한 장도 버릴 수 없었다. 딱히 잘 그려서 소장욕구가 솟아오르는 그림이 아닌데도 분리수거 상자에 넣기 어려웠다.

한 사람당 23킬로그램 가방 두 개. 내가 가져갈 수 있는 최대 무게였다. 버리고 버려도 가방에 들어갈 만큼 부피가 줄지 않았다. 외국에서 살아본 경험이 없으니 무엇이 필요한지 예상하기 어려웠다. 결국 필요한 것보다 꼭 갖고 싶은 걸 먼저 넣었다. 드로잉북이 다시 가방에 들어갔다.

유럽 여행을 갔을 때 트렁크를 끌고 트럼펫을 메고 간 적이 있다. 당시에는 혼자 가는 여행길에 외롭지 않으려고 낭만적인 상상을 하며 트럼펫을 챙겼는데 곧 그게 얼마나 멍청한 생각이었는지 깨닫고 여행 내내 후회했다. 사람이 뜸한 공원에서 연습하려고 몇 마디 불었는데 누군가 내 앞에 동전을 떨구고 지나갔을 때 얼마나 얼굴이 빨개졌던지. 지금이라면 재미있는 에피소드라고 웃고 넘길 텐데 그때는 이미 나약해진 마음이 수치심으로 더 무거워졌다.

그때부터 행복이 무엇인지 고민했다. 이것만 안 하면 행복할 것 같고 이 일만 하면 행복해지리라 굳게 믿었는데 실제로 해보면 오히려 더 불행해졌다. 힘 빠지는 시도를 몇 번 하고 나서야 알았다. 행복이라는 종착지는 없구나. 인생 자체가 선택의 연속일 뿐 행복이라는 목적을 달성해야만 하는 과제는 처음부터 없었다. 행복을 위해 투자한 게 많다고 느낄수록 기준은 올라가고 만족도는 떨어졌다.

돌이켜보면 나는 행복의 순위에 따라 선택한 게 아니라 고통의 순위에 따라 선택하곤 했다. 둘 중 하나를 골라야 할 때 감당할 만한 고통을 주는 선택지에 마음이 갔다. 행복은 견딜 만한 고통에서 느끼는 엔도르핀이었다. 프로젝트가 무사히 끝났을 때 잠시 찾아오는 저릿한 만족감, 뜻하지 않게 얻은 작은 기회, 누군가에게 진심으로 고맙다는 말을 들었을 때 높아지는 자존감이 흔히 행복이라 부를 수 있는 순간이었다.

새로운 길을 걸어보겠다는 결심은 앞으로 꽃길만 걷겠다는 욕심이 아니다. 유학을 가거나 이직을 하거나 어떤 변화를 감당하겠다는 선택에는 고통이 따른다. 지금까지 걸어왔던 곧은길에서 내려와 줄곧 누려왔던 특혜를 포기하고 깜깜한 길을 혼자 걸어야 할지도 모른다. 내가 작은 성취를 느낄 때마다 사람들이 달려와 손뼉 쳐줄 일도, 고객들이 내가 만든 상품에 찬사를 보내고 온갖 매체가 앞다투어 인터뷰를 요청할 일도, 안타깝지만 없다.

그때 트럼펫이 나에게 소중한 행복이었다면 아무리 무거워도 기꺼이 들고 누가 동전을 던져도 '내 연주가 정말 좋았나보다.' 생각했을 거다. 그게 아니라 고통이 더 컸다면 중간에 트럼펫을 버리더라도 나를 먼저 챙겼어야 했다.

눈앞에 보이는 23킬로그램의 가방에는 만약 없다면 나에게 더 큰 고통을 줄 물건들로 가득 차 있다. 앞으로 딱 이만큼 무게만 지고 살았으면 싶다.

무거운 관계여 안녕 —
돌이킬 수 없는 선택들을 두고 떠나며

'Life is Strange'라는 게임이 있다. 주인공은 시간을 되돌릴 수 있는 능력을 가지고 있어서 매번 중요한 선택을 한 후에도 시간을 돌려 다른 선택을 할 수 있다. 하지만 어떤 선택도 완벽하지 않다. 결과를 모두 확인하고 나면 더 선택하기 어려워진다. 현실에서도 마찬가지로 우리는 매일 선택을 하고 그 결과는 미래의 어떤 지점에 영향을 준다. 그러나 이게 최선임을 알 뿐 최고의 결과인지는 판단하기 어렵다. 과거의 어떤 시점으로 시간을 되돌린다면 나는 어떤 선택을 할까? 그때는 실패하지 않았다고 가슴을 쓸어내렸지만 그게 과연 현재의 시점에서 최선일까? 반대로 과거의 실패가 현재의 나에게 나쁜 영향을 주기만 했을까? 시간을 잠시 돌려 예전에 쓴 글을 다시 읽었다.

> "여유롭지만 피곤한 주말, 노트북을 열고 커피를 들이마시며 글을 쓴다. 누구나 겪는다는 직장인 3년 차 슬럼프는 길고 고단했다. 나는 내 앞의 목표에 더 집중하기로 했다. 많은 사람들이 퇴사를 꿈꾸고 나에게 더 맞는 직업을 찾아 나서지만 대부분 좌절하는 이유는 마땅한 대안이 없기 때문이다. 나도 첫 회사에서 힘겨워하다 그만둔 후 더 힘든 시간을 보냈기 때문에 또다시 그 우울의 바다를 건너고 싶지 않았다.

그나마 운이 좋은 편이었다. 당시엔 요즘처럼 취업난이 심각하지는 않았다. 친구들은 반으로 나뉘어 한쪽은 고시 공부를 선언하고 자취를 감추었고 한쪽은 스펙을 쌓고 인턴 자리를 구하기 위해 열심이었다. 나는 어느 쪽에도 속하지 못했다. 고시 공부는 할 자신이 없었고 각종 자격증 시험과 영어 공부가 어떤 의미인지 알 수 없었다. 저널리즘 수업이 재미있었지만 그렇다고 기자가 되고 싶지는 않았다.(술을 잘 못 마시는데 수업 뒤풀이를 갔다가 덜컥 겁이 났다.) 그래서 당시에는 경쟁률이 낮은 편이었던 게임 분야의 대기업에 지원했고 다행히 바로 합격했다.

대학생 시절 내내 과외를 했고 장학금도 받았지만 여유롭지는 않았다. 회사 연수를 시작할 때 당분간 밥값이 들지 않겠다는 생각에 안심했다. 40킬로미터 행군을 할 때는 이걸 다시 하기 싫어서 회사를 그만두고 싶지 않다고 생각했다. 복지카드와 각종 의료 혜택, 항상 배부르게 먹을 수 있는 회사 식당을 보며 열심히 일해 멋진 커리어 우먼이 되겠다고 다짐했다.
그리고 1년 6개월 후 나는 사표를 제출했다.

그때 회사를 그만둔 게 최선의 선택이었을까? 난 오히려 대학을 졸업하자마자 바로 입사를 했던 시점을 돌려보고 싶다. 경제 상황, 졸업 후 명확하지 않은 내 소속, 집안의 기대, 나의 불안감 등 주변 상황을 생각하면 내가 취업을 한 상황은 합리적이다. 그래서 매주 링거를 맞고 몸 여기저기에 염증이 생기고 음식을 제대로 소화시킬 수 없게 나를 망친 회사를 미워했다.

그러나 내 인생에 대한 깊은 고민 없이 무작정 회사에 기대서 완벽한 상사, 적당한 업무, 개인의 성장을 꿈꾸었던 내가 회사생활을 힘들어했던 건 당연하다. 회사에서 개인을 혹사시키는 것은 분명히 문제가 있지만 내가 회사에 너무 큰 기대를 한 것 역시 문제가 있었다.

회사를 그만두고 3개월 만에 몸을 회복했지만 마음은 더 우울했다. 다시 여기저기 신입 공채 공고를 기웃거리기 시작했다. 소속이 없는 상태를 견디기 어려웠고 세상에서 가장 쓸모없는 쓰레기가 되어 깊은 어둠에 혼자 웅크리고 있었다. 그 시점에 방송사 공채에 합격했다. 나는 다시 웃었다. 남들 눈에는 내가 더 안정적인 직장을 찾아간 듯 자연스러워 보였다. 그러나 입사와 동시에 시작된 파업, 혼자 동떨어진 듯한 외로움, 깊은 선후배 관계에서 느끼는 부담감…… 나는 또다시 지워지고 하루하루 힘겨운 생활이 시작되었다.

내가 별나다고 생각했다. 잘못되었다는 쪽에 가까웠다. 빈번한 업무상 실수를 윗선에서는 넉넉히 눈감아주었지만 내가 하고 싶은 일은 아니었다. 분명히 얻은 것은 있었다. 월급이 적지 않아 돈을 모을 수 있었고 틈틈이 결혼 준비를 했다. 부모님은 내가 다시 안정을 찾았다고 생각하고 안심하셨다. 그래서 일단 내 삶에 대한 고민을 저만치 미뤄두었다. 전세 대출을 일단 모두 갚자. 그리고 그 돈으로 뭐할지 고민하자고 결심했다. 그리고 그날이 다가왔다.

난 이제 어떻게 살아야 하지?"

— 2015년 3월 어느 날

이 글을 쓴 이후 1년 동안 심리 상담을 받았다. 처음 상담실에 방문해 가벼운 마음으로 받은 검사에서, 내 진짜 모습과 내가 되고 싶은 모습이 충돌하여 신뢰도가 낮은 결과가 나왔고 그림 검사를 통해 가족에게 느꼈던 중압감과 정신적 상처가 고스란히 드러났다. 이후 심리 상담을 하면서 가장 크게 바뀐 섬은 부모님이 나에게 바라는 모습을 지우고 솔직하게 드러나는 나를 받아들이는 용기를 가진 일이었다. 일반적인 부모님이 아이에게 바라는 건 거의 비슷하다. 우리 부모님도 내가 공부 잘하고 정해진 규칙을 잘 따르고 부모님이 추천하는 길을 묵묵히 잘 따라가는 착실한 아이로 크길 바랐다. 하지만 나는 여러 가지 일을 동시에 벌이고 그중에 한두 가지에 재미를 느끼지만 싫증도 금방 내고 정리정돈을 못하고 때로는 즉흥적으로 사는 사람이다.

나는 상담을 받는 동안 다시 어린아이로 돌아가 짜증도 내고 어리광도 부리고 방도 어지르면서 빠르게 그 기간을 다시 보냈다. 어렸을 때 못해봤던 놀이를 하고, 부모님에게 받을 수 없었던 무조건적인 지지를 받으며 시간을 되돌렸다. 그 과정을 겪으며 인간관계는 느슨해졌다.

출국 날짜가 다가오면서 마음은 바빠졌지만 마지막으로 보고 싶은 얼굴을 챙겼다. 얼마든지 한국에 들어올 수 있지 않느냐며 1년에 한 번씩은 보자는 친구는 아쉬워하며 계속 내 손을 잡고 있었다. 그녀는 나를 잘 알아서 아마 정말 큰일이 있지 않은 이상 내가 있어야 할 곳에 머무를 거라는 사실을 알고 있었다. 나를 소중하게 생각한 사람들은 아쉬운 마음을 어떻게든 전달하려 애썼다. 항상 응원한다는 말이 진동으로 느껴졌다.

현실에서 시간을 되돌릴 수는 없지만 가끔 어떤 계기로 인해 뒤로 감기 또는 빨리 감기가 가능하다. 현재 겪고 있는 문제를 되짚으면 꽤 예전으로 거슬러 올라가야 할 수도 있고 해결을 위해 덮어놨던 기억을 되살려야 할 수도 있다. 언제 다시 만날지 모른다는 불안한 생각은 좋은 관계를 위한 숙제를 남겨놓지 않는다. 이제 그저 묵묵히 가볍게 떠나면 된다.

4

다시 학생이 되다

내 사랑 모디 —
단지 좋아서 옆에 두는 것

한국을 떠나기 전 열심히 영화를 챙겨봤다. 유학 간 친구들이 하나같이 평소에 안 보던 한국소설, 한국영화가 그렇게 생각난다고 했던 말이 귓가에 맴돌았다. 책은 아쉬운 대로 전자책으로 출간된 것들은 언제든 볼 수 있으니 영화라도 많이 봐두자 싶었다. 한 달에 한 번 꼴로 가던 시네마테크에서 하루에 몇 편씩 영화를 연달아 보기도 하고, 여름 시즌을 맞아 이곳저곳에서 열리는 영화제에 찾아가기 시작했다.

집 근처 영화관에서 우연히 에단 호크가 주인공인 영화 〈내 사랑〉을 상영하고 있는 걸 발견했다. 줄거리도 읽지 않고 에단 호크가 나오는 로맨스 영화이니 평균 이상은 하겠지 싶어 예매했다. 커피를 홀짝거리며 가벼운 마음으로 보러 갔다가 축축하게 젖은 마음으로 영화관을 나왔다.

코끝이 시렸다. 영화 내내 불던 세찬 바람이 감도는 듯했다. 불편한 몸으로 추위를 견뎌가며 그림을 그렸던 모디Maudie의 작은 집은 그림이 주는 따스함이 가득했다. 그리고 영화의 실제 배경이 되는 곳이 바로 내가 앞으로 살 지역에서 멀지 않다는 것도 알게 됐다. 혹시 모디의 그림을 전시하고 있는 미술관이 있다면, 꼭 찾아가겠다는 마음을 안고 몇 달을 보냈다.

그리고 마침내 캐나다에서 모디와 마주했다. 모디의 흔적은 캐나다 핼리팩스 여기저기에 묻어 있었다. 그림으로 가득한 집은 미술관에 통째로 전시되어 있었다. 곳곳에서 발견할 수 있었던 모디의 그림은 캐나다의 동쪽 끝 작은 도시에 사는 순수한 사람들의 마음을 닮아 있었고 이곳 풍경과 잘 어울렸다.

모디의 집은 생각보다 작고 추워 보였다. 바람이 많이 불고 겨울이면 눈에 잠기는 이 지역 특성상 두꺼운 벽과 튼튼한 문은 필수인데 어떻게 평생을 이 얇고 작은 집에 살았을까. 나뭇결 사이에 고여 있는 페인트는 시간이 흐르면서 생생함을 잃었고 벽에 가득 핀 꽃그림은 노랗게 변색되고 있었다. 그럼에도 집 전체에 빨간색, 노란색, 초록색의 명랑한 기분이 가득했다.

희미한 물감 자국을 바라보다 문득 나에게 그림은 무엇일까 생각했다. 내 곁에는 이유 없이 좋고 명랑한 것들이 별로 남아 있지 않았다. 뭔가를 단지 좋아서 옆에 두거나 내 손에 닿는

미술관에 전시된
실제 모디의 집.

미술관Art gallery of Nova Scotia 전경.

곳에서 매일 보며 즐기기에는 여유가 없었다. 좋은 것보다는 이유가 있는 것을 먼저 찾았다. 쓸모가 있고 그럴듯한 목적이 있어야만 남겨두는 것들은 내 곁에 오래 머물지 않았다. 이유가 있는 공부, 누군가 알아주는 직함, 많은 사람이 원하는 자리, 누군가에게 보여주기 위한 노력은 나를 그저 스쳐 지나갔다. 내가 세상에 없더라도 그 자리에 남아 누군가의 하루를 아늑하게 만들어줄 모디의 집 같은 존재가 아직 나에게는 없다.

손에 쥐고 있던 현실을 놓고 나니 빈손이 보였다. 트렁크 두 개에 지난 삶을 압축시키고 홀가분하게 낯선 현실을 맞았다. 더 가벼워지기 위해서는 불안의 무게조차 내려놔야 했다. 버리고 새로 시작하는 것은 쉽지 않다. 그러나 나는 지나버린 것들이 더 이상 아쉽지 않다.

이제 새로운 집에 가득할 풍경을 상상해본다.

혼돈의 24시간 –
'학생비자'는 처음이라서요

13시간이 넘는 비행은 지루하지 않았다. 전날 1시간도 자지 못한

탓에 눈꺼풀이 무거웠지만 한동안 먹지 못할 한국 음식은 꼭
먹어야 한다는 생각에 꾸역꾸역 밥을 밀어 넣고서야 잠이 들었다.
토론토국제공항은 예상대로 입국심사대 줄이 길었다. 기압 차이
때문에 착륙 때마다 겪는 아랫배의 통증이 느껴졌다. 'Washroom'
표시를 애타게 찾으며 뒤를 돌아보니 이미 길게 늘어선 줄은
끝이 보이지 않았다. '이번 한 번만 제발 내 말을 들어줘. 더 이상
움직이지 마!' 꾸룩꾸룩 아랫배가 다행히 더 이상 소리를 내지
않고 잠잠해졌다.

줄을 서서 기다린 지 3시간이 넘어가고 있었다. 인천에서 출발한
비행기가 이미 1시간 연착되어 늦게 캐나다 땅을 밟은 터라
입국심사대를 지나 비자를 받고 다시 비행기를 타기 위해 수속을
밟기에는 시간이 너무 빠듯했다. 나는 속이 타기 시작했다. 직원이
지친 여행자에게 농담을 던지며 천천히 움직이는 게 마음에
들지 않았다. 캐나다 방식에 익숙해지기엔 아직 난 '빨리빨리'에
최적화된 한국인이었다.

결국 비행기를 놓쳤다.

비자 심사를 기다리는 사람들이 간간이 항의했지만 직원들은
고개를 저을 뿐이었다. 가끔 한국인이나 중국인이 통역을 해주기

위해 대기하고 있는 직원에게 사정을 얘기하고 맨 앞으로 가곤 했다. 뒤에서 낮게 욕하는 소리가 들렸다.

드디어 내 차례가 됐다. 나만큼이나 지친 직원이 만들어준 비자 서류를 들고 바삐 나가려는데 한 청년이 비행기표를 보여달라고 했다. "너 어차피 비행기 놓쳤네. 이왕 놓친 김에 SIN 만들고 가면 어때? 내가 맨 앞으로 넣어줄게." 쾌활한 청년은 친절하게 손가락으로 한 곳을 가리키며 말했다. 내 위장은 여전히 불편했고, 가방은 컨베이어 벨트에서 무한정 돌고 있을 것이며, 어디서 비행기표를 다시 받아야 하는지도 몰랐지만 어쩐지 그를 실망시키고 싶지 않았다. "오케이."

SIN Social Insurance Number은 캐나다에서 합법적으로 일하기 위해 반드시 받아야 하는 번호다. 주민등록증 같은 신분증으로 발급되는 게 아니라 일반 종이에 인쇄되어 나온다. 한동안 내 서류를 검토하던 직원이 "네 엄마의 first name이 뭐야?"라고 질문했다. 갑자기 머리가 멍해졌다. 우리 엄마 이름을 영어로 어떻게 쓰더라? 결국 스펠링을 잘못 말한 것 같았지만 직원이 잘 가라며 손을 흔들고 있어서 차마 확인해달라는 말을 하지 못했다.

친절했던 청년은 자신의 임무를 다해서 기쁜지 다시 다가와서 엉뚱한 질문을 했다. "나 한국 놀러 가고 싶은데, 언제 가면 좋을까?" 난 내 구겨진 얼굴을 차마 숨길 수 없어 대충 얼버무렸다. "지금은 너무 더워. 가을에 가." "아하, 고마워. 캐나다에 온 걸 축하해!"

서류 뭉치를 들고 서둘러 사무실을 나왔지만 짐이 보이지 않았다. 입국 심사와 비자 심사를 거쳐 SIN까지 받느라 우리가 타고 온 비행기의 순서가 넘어가버린 지 오래였다. 새로운 가방이 쏟아지고 있는 컨베이어 벨트를 왔다 갔다 하며 겨우 무한정 루프를 돌고 있던 짐을 찾았다. 그리고 자정이 넘어서야 드디어 핼리팩스행 비행기를 탈 수 있었다.

새벽 공기의 스산함을 느끼며 공항 택시를 타고 미리 예약해둔 숙소로 향했다. 주인이 깰까 싶어 살금살금 방을 찾고 있는데 누군가 내 다리를 만졌다. 덩치가 엄청 큰 개가 내 다리에 코를 비비고 있었다. 나는 너무 놀라 소리를 질렀다. 곧 내 비명소리를 듣고 잠이 깬 또 다른 개가 짖기 시작했다. 화장실로 얼른 도망가서 문을 잠갔다. 간절하게 씻고 싶었지만 아무리 힘을 줘도 수도꼭지가 돌아가지 않았다. 결국 씻는 걸 포기하고 개들이 방문 긁는 소리를 들으며 억지로 잠을 청했다. 12시간의 시차 덕분에 눈은 말똥말똥했다. 방이 서서히 밝아졌고 그렇게 캐나다에서 첫

캐나다의 첫날 아침 산책.

첫 임시 숙소.

아침을 맞이했다.

우리 집 찾기 —
보증인 없는 유학생이 집을 구할 때

한 번도 살아보지 않은 도시에서 만나는 모든 풍경은 새롭다.
스쳐 지나가는 여행자의 눈에는 그저 신기한 만남이 앞으로 내가
매일 마주해야 하는 일상이라면 어떨까.

캐나다에 도착한 후 2주간 에어비앤비 숙소에 머물렀다. 그 후에
어떻게 할지는 미리 정하지 않았다. 짐을 쌀 때 가족들이 살 곳은
정했냐고 물었고 나는 가서 찾으면 된다고 자신 있게 대답했다.
생판 아무도 모르는 곳에 가서 집을 구하기가 힘들지 않겠냐는
우려 섞인 말을 들어도 나는 어디 가도 다 사람 사는 곳은
똑같다고 큰소리를 뻥뻥 쳤다.

서울에서 첫 전셋집을 구하고 3년간 살았던 경험과 비교했을
때 캐나다에서 집 구하는 과정에는 시간과 노력이 더 많이
들었다. 캐나다의 큰 도시는 부동산 에이전트가 있다고 들었는데
핼리팩스는 작은 도시라 개인적으로 찾는 월세까지 대신

찾아주는 회사가 없었다. 서울에서는 집을 구할 때 살고 싶은 동네를 찾아가 부동산에 눈도장 찍는 일부터 시작했다. 하지만 여기선 살고 싶은 동네의 집을 소유한 부동산 회사를 찾아 문의하거나 집주인이 온라인 사이트에 올린 글을 읽어보며 어떤 집이 나오는지 검색해야 한다.

일단 최대한 학교에서 가까운 집부터 검색했다. 지하철도 없고 버스 노선도 촘촘하지 않은 동네라 걸어서 갈 만한 거리여야 마음이 놓였다. 구글맵으로 거리를 확인하며 일단 큰 회사가 홈페이지에 올려놓은 집부터 알아보기로 했다. 무작정 이메일을 돌렸다.
'안녕 나는 어느 캠퍼스에서 9월부터 공부할 학생이야. 투베드룸을 찾고 있고 내 예산은 이 정도야. 나에게 괜찮은 아파트를 소개해줄 수 있겠니?'
대충 이렇게 써서 보내니 대부분 하루 안에 답장을 받았다. 회사 홈페이지에 올라와 있는 매물이 대부분이었지만 아직 올리지 못한 매물에 대한 정보도 같이 받을 수 있었다. 집을 보고 싶으면 이메일 말고 전화를 하라는 말이 붙어 있어 일단 핸드폰이 필요하다는 걸 알게 됐다.

매일 몇 시간씩 열심히 집을 검색했다. 2주는 생각보다 짧았다.

가장 필요한 핸드폰을 개통했고 후불 요금제를 낼 수 있는 계좌가 필요했고 학비도 내고 신분증도 만들어야 했으니 정신이 없었다. 혹시나 싶어 지내고 있던 숙소에 2주 이상 머물 수 있는지 집주인에게 물어봤지만 다른 예약이 있어 안 된다는 대답이 돌아왔다. 그렇다고 저 무거운 짐을 끌고 또 다른 임시 숙소로 옮겨갈 자신은 없었다. 최대한 적당한 집을 찾으면 어떻게든 계약을 해야 했다.

예산에 맞는 집을 찾으면 주인에게 문자를 보내 집 보는 시간을 예약하고 찾아갔다. 예상했던 것보다 마룻바닥이 깔린 집이 없다는 게 마음에 걸렸다. 아무리 청소를 해도 회색의 거무튀튀한 카펫 밑에 어떤 생명체가 살고 있을 것 같아서 가능하면 카펫보다는 마루가 깔린 집을 얻고 싶었다. 집주인들은 입주자가 나가면 반드시 업체를 불러 카펫 청소를 하니 걱정 말라고 했지만 내가 살면서 카펫 먼지를 감당할 수 있을까 싶어 우선 마루가 깔린 집만 검색했다.

처음에는 단독주택을 열심히 찾았다. 지금까지 서울 아파트에서만 살았던지라 마당 있는 집에 살고 싶었기 때문이었다. 그러나 좋은 위치의 집은 예산과 맞지 않았다. 또 단독주택은 일반적으로 유틸리티가 많이 나오는 편이었다.

전기세, 수도세 등을 모두 합하면 한 달에 약 200불(한화로 15만 원 정도)가 추가된다고 하니 나같이 가난한 학생에겐 부담이었다.

그나마 괜찮은 아파트 몇 개를 골라 담당자에게 다시 연락했다. 친절하게 내 문자에 답하며 집을 보여줬던 그에게 내가 들어가서 살고 싶다는 의사를 보이자 그는 갑자기 난감해하는 목소리로 어렵겠다고 대답했다.

"너희는 레퍼런스가 없어서 안 될 것 같아."
"응? 내가 캐나다에 온 지 얼마 안 되어서 내 신용이 보증해줄 사람이 없다고 얘기했잖아. 그럼 어떡해야 해?"
"내가 매니저와 얘기는 해보겠지만 레퍼런스가 없으면 어려울 거 같아. 친구나 가족은 없어?"
"물론 있지. 하지만 한국 전화번호와 주소인데 괜찮아?"
"아니, 캐나다 전화번호와 주소가 있어야 해."

그 후에도 계속 레퍼런스가 문제였다. 한국 회사의 경력증명서나 비자 문서는 모두 쓸모없었고 나와 연관이 있는 사람이 나의 신용을 증명해줘야 했다. 하지만 없는 레퍼런스를 뚝딱 만들 수도 없으니 아무 연고도 없이 이곳에 온 나는 줄줄이 퇴짜를 맞았다. 그래도 최대한 내 상황을 설명하려고 애쓰다 결국 은행 잔고

하루종일 돌아다니며 집을 알아봤다.

이민가방 4개와 급하게 전날 주문한

침대만 놓은 집에서.

내역서와 학교 입학증명서를 떼서 '내가 돈이 있고 충분히 머물 계획임'을 증명하고 열심히 지원서를 썼다.

다행히 학교에서 20분 거리에 있는 아파트를 소유하고 있는 부동산 회사가 내 지원서를 받아줬다. 월세도 예산과 맞았고 마룻바닥이고 위치도 괜찮았지만 급하게 계약하느라 꼼꼼하게 집 상태를 확인하지 못한 게 마음에 걸렸다. 그래도 일단은 임시 숙소에서 나와 당분간 살 집으로 갈 수 있다는 사실에 신이 났다.

계약서를 쓰면서 푸근한 인상의 매니저와 이런저런 이야기를 나누었는데 레퍼런스가 없어 조금 고생했다는 말을 했더니 그녀는 캐나다에선 세입자가 월세를 안 내더라도 내쫓을 수가 없어서 그렇다고 설명했다. 문제가 있어도 서면으로 통보하는 것 외에 방법이 없으니 회사 입장에서는 처음부터 신용보증인이 있거나 월급명세서를 제출할 수 있는 사람과 계약하는 게 안전하기 때문이란다. 하지만 나같이 캐나다에 막 도착한 외국인은 신용보증인도 없고 직장도 없으니 어떤 회사는 6개월 치 월세를 미리 내라고 하기도 하고 각종 은행 서류를 제출하라고도 한단다. 그러나 나중에 알아보니 월세를 1개월 치 이상 한꺼번에 내거나 계약서에 명시되지 않은 서류를 제출하는 건 불법이었다.

만약 누군가 나와 비슷한 상황이라면 처음에는 개인이 소유한 집보다는 그나마 조금이라도 큰 부동산 회사에 먼저 연락하는 게 좋을 것 같다. 외국인과 계약을 많이 해본 회사라면 외국인이 일반적인 레퍼런스를 가져올 수 없다는 상황을 알고 있고 대안으로 먼저 필요한 서류를 제시할 가능성이 높다. 나는 집을 찾으면서 계속 불안해했지만 주변 친구들은 대부분 쉽게 집을 계약했고 결과적으론 돈을 들고 온 합법적인 신분의 외국인을 모든 회사가 거절하진 않았다.

나를 그려봐 —
눈으로 그리기, 머리로 그리기

첫 시간에 시간표를 받자마자 '드로잉'이 눈에 들어왔다. 그래픽 디자인 수업에서 드로잉은 어떻게 가르칠까? 내 기억을 돌이켜봤을 때 미술 수업에서 소묘를 한다고 하면 4B연필, 회색 지우개, 갱지 스케치북이 단골 준비물이었다. 수업시간에는 선생님이 앞에 걸어둔 모범답안과 비슷하게 빨리 그려야 했다. 연필이 금방 닳으니 친구들과 쓰레기통에 둘러서서 작은 칼로 연필을 깎고 몽당연필이 되면 모나미 흰색 볼펜대에 연필을 끼워서 누가 가장 짧게 쓰는지 내기하기도 했다.

드로잉 수업 첫날, 반 아이들이 각자 평소에 쓰는 연필과 펜을 꺼내놓기 시작했는데 나는 당연히 4B연필과 지우개만 챙겨 왔다. 앞으로 무엇을 그릴지 설명하지 않을까 싶었는데 교수는 교실에 들어오자마자 우리에게 '용'을 그리라고 했다.

'드래곤? 그 불 뿜는 용 말하는 거야?' 아무 설명 없이 느닷없이 용을 그리라고 하다니 어이가 없었지만 나는 일단 용 이미지를 몇 개 찾은 다음 귀여운 용이 집 안 이곳저곳을 날아다니는 상상을 했다. 다들 엄청 집중해서 용을 한참 그리고 있는데, 교수가 그만하고 일어서서 다른 사람들이 어떻게 그렸는지 보라고 했다. 교실을 빙빙 돌면서 스케치북을 구경하니 다양한 용이 여기저기에 똬리를 틀고 있었다.

"너희는 용을 그리라고 했더니 정말 용 한 마리만 그렸네. 하지만 그림은 배경까지 그려야 완성이야. 이 용이 어떤 상황에 있을지 생각해야 해. 그래서 다음 시간엔 투시perspective를 배울 거야."

교수는 학생들이 명암이나 형태를 얼마나 잘 그렸는지 언급하는 대신 '왜' 그렇게 그렸는지 개별적으로 물었다. 거대하고 무시무시한 신화 속 용을 그리려고 했던 학생도 있었고 나처럼 귀여운 캐릭터로 그린 학생도 있었다. 꼼꼼한 성격의 크리스는 용의 비늘 하나하나 세세하게 표현했고 이 과제를 너무 어렵게 생각했던 또 다른 크리스는 안타깝게도 고민의 흔적만 스케치북에 남겼다.
내 그림을 본 교수는 유일하게 배경을 그린 학생이라며 칭찬했지만 나의 단출한 도구를 지적했다. 그는 4B는 너무 진해서 지우개로 지워도 자국이 남으니 2H부터 2B까지 연필을 써보고 다양한 펜도 시도해보라고 했다. 나는 그때까지 부끄럽게도 2H부터 2B까지 다른 농도의 연필이 있는지 몰랐다. 글씨를 쓸 땐 HB, 그림을 그릴 땐 4B라는 공식을 마음에 콕 박아두고 한 번도 의심해보지 않은 탓이었다.

"근데 왜 용이에요?"
중국 용을 그리려다 도마뱀을 완성한 학생이 불만에 찬 목소리로 질문했다. 교수는 아주 당연하다는 듯이 답했다.
"너희 모두 한 번도 안 그려봤을 것 같아서."

우리는 다음 시간까지 한 번도 안 그려본 용을 한 번도 안 써본 재료로 그려야 하는 숙제를 받았고, 그 후 드로잉 시간이 되면 어떤 과제가 떨어질지 기대했다.

어느 날, '인간Humans'을 그릴 거라는 교수의 예고에 따라 학생들은

작은 이젤을 세워두고 연필을 날카롭게 깎으며 만반의 준비를
하고 있었다. 교수는 들어오자마자 앞사람 얼굴을 15분간
그리라는 과제를 주고는 교실을 이리저리 다니며 비율이
이상하다, 눈을 만화처럼 그리지 말라는 예상 가능한 조언을
했다. 이번 시간은 이렇게 평범하게 흘러가는구나, 마음을 놓고
있는데 교수가 갑자기 말 한마디를 남기고 교실 밖으로 나갔다.
"나를 20분간 그려."

자기 그림만 집중하던 학생들이 시끄러워졌다. 분명 매일
몇 시간씩 본 얼굴인데, 눈이 처졌는지 머리는 어느 쪽으로
흘러내렸는지 기억이 나지 않았다. 심지어 안경을 썼는지,
머리색이 회색인지 흰색인지를 두고 학생들끼리 싸우기도
했다. 혼란의 20분이 지나고 교수는 특유의 웃음을 지으며
의기양양하게 등장했다. 그러곤 한참 동안 뇌가 그리는
그림과 눈이 그리는 그림의 차이를 설명했다. 디자이너는 때로
뇌가 상상하는 인간을 그려야 하기도 하고 눈에 보이는 대로
표현하기도 해야 한다. 문제는 눈에 보이는 대로 그린다고
믿으면서 실제로는 상상해서 그려서 눈을 속이는 것이라고 했다.
우리는 15분간 그린 앞사람의 얼굴과 상상으로 교수의 얼굴에
거의 차이가 없다는 걸 발견했다. 오히려 그림 실력이 형편없다고
좌절하고 있던 친구들의 그림이 실제 얼굴과 약간 닮아 보였다.

코는 어떻게 생겨야 하고 입술은 어때야 하고 눈은 어떻게 갈라지는지 누군가 정해놓은 이론만 접했던 나의 그림은 형편없었다. 이 고정관념을 어떻게 깨야 할까 고민하다 손을 들고 질문했다. "기억을 지울 수는 없잖아요, 보이는 대로 그리려면 어떻게 해야 할까요?"

"거꾸로 뒤집어서 그려."

인간을 인간답게 그리지 않아야만 인간다워진다는 그의 주장은 결국 익숙하지 않은 방식으로 시도하고 노력해야 한다는 말로 마무리됐다. 뇌를 속여. 너의 뇌는 생각보다 게으르다고.

드로잉 교재는 유튜브 —
가르치는 사람의 역할은

아무리 새로운 발상이 좋아도 어쨌든 이론이 있어야 하지 않을까. 강의실 전체를 바다 한가운데에 빠뜨려놓고 매번 보트를 만들어서 탈출하라고 하니 적어도 보트를 어떻게 만들 수 있는지 정도는 알려주어야 하지 않을까 싶었다.

교수는 가끔 자신이 작업했던 그림도 보여줬지만 절대 따라 그리기 같은 건 시키지 않았다. 오히려 본인의 그림 중에 완전히 망쳤다고 생각하는 그림을 내놓으며 이게 왜 이상한지 조목조목 비판했다. 그러다 과정을 설명해야 할 때는 동영상 링크를 공유했다. 평소에 난 찾아볼 생각도 안 했는데 생각보다 많은 사람들이 자신이 어떻게 작업하는지 과정을 동영상으로 상세하게 제작해 올려놓았다. 교수는 한 가지 정답이 아니라 여러 가지 방법이 있을 수 있다는 설명을 꼭 덧붙이며 전혀 다르게 접근한 작가의 동영상도 함께 보여줬다. 예를 들어 '손'이 주제였을 때 교수는 손이 왜 그리기 어려운지부터 이야기했다. 그리고 한 가지 방법으로, 손바닥, 엄지손가락, 나머지 4개 손가락까지 세 덩어리로 나누어서 그리기 시작하는 작가의 영상을 보여주며 왜 이 방법이 쉬운지 설명했다. 그리고 형태가 아니라 방향과 명암부터 먼저 생각하고 조금씩 형태를 잡아가는 과정도 공유했다.

당연히 그날 과제는 '상상으로 손 그리기'였지만 그가 공유한 손을 그리는 방법은 10가지가 넘었다. 정답이 없었고 각자 자신에게 맞는 방법을 선택하든지 여러 가지를 모두 연습하든지 자유였다. 나는 친해진 친구 서너 명과 함께 수업이 끝난 후 카페에 앉아 서로의 손을 그려주며 연습했다. 그리고 다른 포즈를 상상하며 그려보고 이상한 점은 서로 지적했다. 대부분은 다시 구조로 돌아가서 수정하면 금방 고쳐졌다.

수업시간에 보는 영상 이외에 모든 자료는 핀터레스트로 공유되었다. 교과서나 필기노트는 필요 없었다. 잘 이해가 안 되면 영상을 돌려보고 핀터레스트를 뒤적이면 되니 그저 계속 연습하고 흡족한 수준의 과제를 제출하면 됐다.

꼭 학교나 학원에서 배우지 않아도 어느 정도 영어 실력을 가지고 자료를 찾으면 얼마든지 혼자 그림을 그리며 실력을 쌓을 수 있는 방법이 많았다. 교수의 역할은 그 수많은 자료 중에 괜찮은 것을 골라 알려주고 계속 연습할 수 있게 옆에서 도와주는 것뿐, 엄청난 기술이나 지식을 전달해주는 것이 아니었다. 수업 시간에는 사진처럼 복사하듯 그림을 그려낼 수 있는 능력이 아니라, 내가 필요한 수준만큼 자료를 찾고 연습할 수 있는 훈련을 했다. 그래서 마지막 과제를 제출할 때쯤에는 우린 각자에게 맞는 방법을 찾아서 스스로 발전한 모습을 서로 확인할 수 있었다.

나의 용 스케치 중 하나. 용도
만약 사람처럼 살고 싶다면
돈을 벌어야 하지 않을까.

캠퍼스 1층에 걸려 있는 국기들.
이렇게 다양한 국가에서 온
학생들이 모여서 공부하는 게
신기했다.

내가 만든 드로잉 박스.

스토리보드를
만들었던 과제.

인체 구조와 움직임을

관찰했던 수업.

느리지만 확실한 방법 —
좋은 아이디어는 갑자기 떠오르지 않는다

"디자인 프로세스는 왜 이렇게 힘든 건가요?"
타이포그래피 수업시간에 과제로 만든 포스터를 모아놓고 보고 있는데 문득 궁금했다. 우리는 숙제를 할 때마다 생각보다 어렵고 힘들어서 지쳐 있었다. 각자 어떤 고민을 하는지는 알 수 없었지만 두 가지는 분명했다. '첫 아이디어는 쓰레기다.' '처음 예상보다 실제로 해보면 2배 이상 시간이 든다.'

내가 'stressful'과 'painful' 두 단어를 연달아 얘기하니 교수가 크게 웃음을 터뜨렸다. 나는 "원래 힘든 거야.", "스트레스를 풀 수 있게 다른 걸 해." 정도의 답을 기대했는데, 내 질문이 꽤 진지하게 들렸던지 교수는 그 후 4주간 문제를 해결하는 프로세스를 모두 경험할 수 있도록 수업 내용을 바꾸었다. 만약 한국에서 내가 그런 질문을 했다면 어땠을까? 누군가는 왜 이런 유치한 질문을 하냐고 이상하게 보거나 푸념이나 투정으로 받아들였을 수도 있겠다. 내가 그나마 이곳에서 손을 들고 이상한 질문을 할 수 있었던 이유는, 한국과 달리 아무도 내 질문을 이상하게 생각하지도 않았고 영어를 천천히 한다고 무시하지 않았기 때문이었다.

"나도 진짜 어려워. 혼자 방 안에 앉아서 노트북 화면만 보고 있으면 바보가 된 거 같아. 이게 내가 앞으로 할 일이라는데 잘할 수 있을지 모르겠어."
디자인 프로세스를 요약한 프린트물을 건네며 옆자리에 앉은 메건이 나에게 낮게 속삭였다. 모든 과제가 개인별로 주어지고 피드백도 각자 받고 마지막 결과물만 공유하니 나도 집에서 혼자 머리 싸매고 고민하는 시간이 많았다. 내가 외국인이라서 힘든 게 아니라 모두 비슷한 상황에서 힘들어하고 있다고 생각하니 약간 기분이 나아졌다.

교수는 우리에게 새로운 브랜드를 디자인하는 과제를 내주면서 좋은 아이디어를 내기 위해서는 컴퓨터에서 눈을 떼고 손을 움직이라고 강조했다. 화면을 보며 클릭만 하면 뇌는 우리가 새로운 생각을 못하게 막는다고 했다. 트레이싱 페이퍼에 자유롭게 스케치를 하며 돌려보기도 하고 수정도 하고 충분히 생각을 쌓아야 괜찮은 아이디어를 건질 수 있다는 게 요지였다.

물론 불만 섞인 목소리도 있었다. 아주 어렸을 때부터 태블릿과 노트북을 만지며 놀았던 세대에게는 종이가 익숙하지 않아 오히려 생각을 방해할 수도 있고 화면에 바로 그리는 게 훨씬 편하다는 친구들이 꽤 있었다. 그걸 증명이라도 하듯 몇 시간 만에 아이디어를 완성해서 제출하기도 했다. 하지만 시간이 지나면서 교수에게 매번 아이디어가 별로라는 피드백을 받자 그들은 훨씬 더 힘들어하기 시작했다. 노트북 화면에서 시작해서 끝난 아이디어는 다시 돌아갈 곳이 없었다.

오히려 처음에는 쓰레기처럼 보였던 트레이싱 페이퍼의 수많은 스케치가 중간중간 다시 새로운 아이디어를 얻는 데에 도움이 됐다. 새하얀 노트북 바탕화면에서 매번 새로운 아이디어를 내야 했던 친구들과 비교했을 때 손으로 스케치를 시작했던 친구들이 더 오래 걸렸고 느리게 가는 듯 보였지만 결과물은 평균적으로 더 좋았다.

그렇다면 가장 최초의 스케치는 어떻게 시작해야 할까. 내가 기발한 스케치를 처음부터 술술 내놓으면 좋겠지만 안타깝게도 그럴 일은 없었다. 과제가 나오면 다들 비슷하게 인터넷에 검색부터 시작했다. 요가 브랜드이면 'yoga brand', 타이포그래피 포스터면 'poster design'. 누구나 비슷한 검색어로 시작했지만 참고하는 디자인은 모두 달랐다. 난 무엇을 베끼는 걸 굉장히 나쁜 일로 생각했기 때문에 디자이너는 좋은 디자인을 많이 보고 베끼는 것부터 시작하라는 말이 이해되지 않았다. 저작권은 둘째치고 그렇게 베끼면 능력이 없는 게 아닐까? 결론적으로 아니었다. 아이디어는 누군가 만든 자료에서 시작하지만 계속 발전시켜서 완성했다 싶었을 땐 이미 저만치 다른 길을 가고 있었다.

교수는 모두를 격려하며 얘기했다.
"지금은 잘한 걸 따라 하는 걸로 시작하지만 너희는 결국 그 누구보다 훨씬 잘하게 될 거야."

우린 모두 어떤 문제를 해결하고 있다. 그게 디자인일 수도 있고 내년도 사업 계획일 수도 있고 내일 당장 무엇을 할 것인지 답해야 하는 문제일 수도 있다. 질문은 대부분 추상적이고 언뜻 답이 없어 보인다. '신규 레스토랑 브랜드 디자인을 해주세요.' '내년도에는 매출을 150% 늘려야 합니다.' '기업 문화를 친근하게 바꾸고 싶어요.' 이런 문제는 누구나 쉽게 던질 수 있지만 해답을 만들어내는 건 항상 어렵다. 주변이 깜깜해서 앞이 보이지 않을 때 그나마 앞으로 가려면 우선 확실한 방향으로 몸을 향해야 한다. 조급한 마음은 질문의 무게와 함께 잠시 내려놓고 느리게 돌아가는 듯 보여도 연필을 들고 내가 당장 할 수 있는 스케치부터 시작하자.

좋은 건 말로 해야 알지 —
비판과 토론이 가득한 수업

"There are three responses to a piece of design – yes, no, and WOW! Wow is the one to aim for."
— Milton Glaser

아침에 일어나 커피를 내려 보온병에 담고 전날 밤 준비해둔 도시락과 함께 가방에 넣었다. 학교까지 느긋하게 걸어가면 20분. 버스 시간에 맞추느라 서두르는 것보다 걸어가는 게 훨씬 여유롭다. 캐나다의 가을, 한낮의 더위는 여전한데 아침이면 얼음을 띄운 냉면 육수를 마셨을 때처럼 서늘함이 온몸을 훑고 지나간다. 거리에는 여름 내내 계속되었던 축제의 끝자락이 아직 펄럭이고 있다. 단풍잎이 거리를 덮을 때까지 잠시 찾아온 고요함을 조금씩 밟으며 오늘 수업에는 무슨 이야기를 해야 할지 생각했다.

수업은 대부분 빙 둘러서서 토론식으로 이루어지는데 어느 정도 각자 자신의 이야기를 할 시간이 주어진다. 과제를 앞에 두고 왜 이런 생각을 하게 되었는지, 어떻게 아이디어를 발전시켰는지 과정을 설명한다. 다른 학생의 이야기를 들으며 배우기도 하고 질문하기도 하고 서로의 작업을 평가하기도 한다. 물론 교수가 팔짱 끼고 듣고만 있지는 않는다. 멍청한 질문은 환영받지만 멍청한 대답은 날카롭게 지적받는다. 누군가 대충 말하면 귀신같이 잡아채서 탈탈 털릴 때까지 '왜 그런지' 대답해야 한다. 영어를 잘한다고 모두 조리 있게 잘 얘기할 수 있는 건 아니다. 아무 생각 없이 만들어 온 과제는 온갖 화살을 맞아야 한다.

다행히 난 비판과 토론으로 가득 찬 이 수업이 즐거웠다. 꿀 먹은 벙어리처럼 앉아 있어야 했던 회사의 아침 회의시간에 비교하면 이곳은 시끄럽고 혼란스럽다. 누구나 중간에 끼어들어도 되고 교수 이야기에 반박해도 아무도 이상하게 생각하지 않는다. 과제를 늘어놓는 둥근 테이블에 둘러서는 순간 학생들은 링에 올라서서 싸워야 하는 파이터가 된다. 여긴 선배도 없고 후배도 없고 기분을 살펴야 하는 부장도 없다. 해야 할 말과 하지 말아야 할 말이 정해져 있지 않다. 회사에서처럼 하고 싶은 말을 꿀꺽 삼켜 쌓아둘 필요가 없다. 작품과 나는 분리된 존재다. 자신의 작품이 아무리 멍청하다는 말을 듣고 온갖 비판으로 갈기갈기 찢겨도 의기소침해할 필요가 없다. 오히려 배울 수 있어서 다행이다. 23명의 주목을 받으며 내 이야기를 하고 이야기를 듣는 경험은 흔하지 않다.

반대로 정말 멋진 결과를 만들었다면 그동안 들었던 어떤 칭찬보다 많은 찬사를 들을 수 있다. '대단해. 멋져. Wow!', '넌 어쩜 이런 원더풀한 생각을 할 수 있니, 어떻게 만들었는지 얘기해줘.', '지금 당장 길거리에 내놔도 안 보고 갈 사람이 없을 것 같아.' 등등. 한국어로 번역하면 어색해서 손이 오그라드는 칭찬의 언어가 강의실에 가득 찬다. 칭찬에 인색한 문화에서 자란 나 같은 사람은 그 상황에서 어쩔 줄 모른다. 고맙다고 해야 하나, 그렇게 대단하지 않다고 손사래를 쳐야 하나.

서울 어느 건물 구석에 있는 화실.

"넌 왜 이렇게 참을성이 없니?"
10시간째 붙잡고 있던 드로잉이 지겨워 더 이상 못하겠다고 손을 놓는 순간 곧바로 화살이 날아왔다. 말라붙은 비릿한 유화물감 냄새를 맡으며 목탄으로 물든 손톱을 어떻게든 살려보려다 포기한 후였다. 한 작품을 완성하려면 40시간이든 50시간이든 끈질기게 붙잡고 늘어져야 하는데 10시간 만에 다 그렸다고 하니, 화실 선생님의 눈꼬리가 올라갔다.
그런데…… 재미있어야 계속하고 싶지 않을까? 더 이상 만나고 싶지 않은 애인의 옷자락을 계속 붙잡고 있다고 내가 만족할 수 있겠냐고 따지고 싶었지만 그 말을 입 밖으로 내뱉을 수 없었다.

화실 선생님의 눈에 들 정도로 그림을 잘 그릴 자신이 없었다.
잘했다는 말은 멸종한 지 오래였다. 원래 그림은 고달픈가봐.

다시 둥근 테이블.

"아이디어가 정말 좋아."
결과물로 평가를 받기 전에 과제의 수준에 따라 두세 번 피드백을
받을 수 있는 시간이 있다. 다섯 명씩 짝을 지어 교수와 함께
머리를 맞대고 고민을 나눈다. 컴퓨터는 멀리 치워두고 잔뜩 해둔
스케치와 레퍼런스를 테이블 한편에 쌓아놓는다. 혼자 생각하다
보면 나도 모르는 사이 이상한 길로 빠져버리는 경우가 있다.
반면 과제를 두고 함께 피드백하는 과정은 정신을 차리고 다시
돌아와야 할 지점을 쿡 찍어준다. 내 스케치를 찬찬히 바라보던
교수는 밝게 웃으며 마음에 드는 부분에 빨간 별을 그려준다.

2시간짜리 수업을 받기 위해 평균 10시간을 준비한다. 거기에서
그림과 디자인의 공통점을 발견한다. 목적지가 없다는 것. 내가
정한 그곳이 목적지가 되는 것. 그림을 그리기 위해 디자인하기도
하고 디자인하기 위해 그림을 그리기도 한다. 이전과 다른 게
있다면 더 이상 누군가의 마음에 들기 위해 하지 않는다는 거다.

아이디어는 누구나 가지고 있다. 평소에 별 고민하지 않던 사람도 아이디어 스케치를 하다 보면 빨간 별이 몇 개는 튀어나온다. 거기에서 칭찬의 역할이 중요하다. 칭찬은 그 별을 쫓아서 오래 달릴 수 있는 힘이 되어준다. 스스로 만든 기준을 넘고 싶은 욕심이 생기면 자발적으로 잠을 줄이고 더 열심히 노력한다. 칭찬이 목적인 것과는 좀 다르다. 칭찬은 짧고 허무하지만 자신에게 느끼는 만족감은 힘들게 고민했던 시간에 충분한 보상이 된다.

그러니 우리, 좋은 건 좋다고 말합시다. 참을성이 없는 게 아니라 재미가 없어서 그럴 수도 있잖아요.

넌 뭘 배웠니? —
내가 나에 대해 말할 수 있도록

요즘에는 어떤지 모르겠지만 내가 고등학교에 다녔을 때 미대를 준비하는 친구들은 따로 반을 나눠서 수업을 들었다. (난 일반 인문계 고등학교를 다녔다.) 과목은 비슷했지만 그 친구들은 대부분 수업을 빠지고 학원에 가거나 수업시간에 부족한 잠을 보충했다.
"미술 전공하는데 왜 국영수가 필요해? 그림만 잘 그리면 되지."

가끔 그 친구들과 수다 떨 기회가 생기면 그들은 이렇게 대꾸했다. 시험 점수나 모의고사 따위는 신경 쓰지 않는 친구들이 부럽기도 했다. 하지만 시간이 흐르고 결국 경쟁률이 높은 학교의 미술 관련 학과를 가기 위해서는 인문계 학생들의 상위권만큼이나 성적이 좋아야 한다는 사실을 전해 들었다.

마찬가지로 "미술 유학하는데 왜 영어가 중요해? 그림만 잘 그리면 되지."라는 말은 통하지 않는다. 차라리 '미술 유학하고 싶은데 그림은 못 그리고 영어는 잘해'는 괜찮을 것 같다. 내 기준에서 그림을 잘 그리고 못 그리고를 판단하기도 어렵고 수업을 잘 따라갈 수 있는 영어 수준을 가진 사람이 유리한 건 당연하기 때문이다. 물론 유학을 위해 필요한 영어 성적은 그렇게 높은 편이 아니다. 필수로 써야 하는 에세이도 한두 장이면 되고, 그마저도 전문 번역 업체도 많고 입학 수속도 다양한 경로로 쉽게 도움 받을 수 있다. MBA를 가거나 일반대학원을 준비하는 학생들이 GRE 점수 때문에 코피 쏟는 경험을 하는 것에 비하면 토플TOEFL이나 아이엘츠IELTS에서 최소 점수를 얻는 건 어렵지 않다.

내 경우 토플 점수를 먼저 만든 다음 포트폴리오 준비를 시작했는데 그 이후 영어는 거의 신경 쓰지 못했다. 이미 대학에서 영어로 진행하는 수업을 꽤 많이 수강했었고 외국인 친구 덕분에 회화는 가능했기 때문에 너무 쉽게 생각해버린 거다. 오랜만에 본 토플도 나이와 함께 생긴 눈치가 는 덕분인지 걱정보다는 성적이 잘 나왔다. 하지만 막상 캐나다에 도착해서 수업을 듣기 시작하니 영어 때문에 밤에 잠이 안 올 지경이었다.

"네 작품을 설명해봐."
밤새 열심히 만들어 간 숙제를 두고 교수가 바로 질문한다. 당황스럽지만 침착하게 어떤 재료를 썼는지 뭘 그렸는지 무엇을 담으려고 했는지 열심히 설명한다. 물론 교수가 내 발음을 못 알아듣는 표정을 지으면 다시 처음부터 설명해야 한다. 그래서 과제를 할 때마다 예상 답변을 미리 준비하고 내가 특히 못하는 발음은 크게 입모양을 만들어 연습한다. 아, 입이 이미 굳어서 힘들다.

"넌 뭘 배웠니?"
토론식으로 수업을 진행할 때 처음 이야기를 꺼내기 위해 교수는 학생들에게 돌아가면서 질문한다. 수업의 연장선에서 숙제를 냈을 때는 꼭 이렇게 물어본다. 누가 더 잘했는지보다 누가 더 많이 배웠는지에 따라 점수를 주기도 한다.

"토론 시간이야."

언어 때문에 친구 만들기 어려운 상황은 둘째치고, 토론 시간에 서로 작품에 대해 칭찬하고 비판하는 상황은 잘 넘기기 어렵다. 토론을 통해 학생들끼리 서로 배우고 성장하는 기회가 그동안 없었기 때문에 익숙하지 않거니와, 말하기 좋아하는 원어민 친구들 사이를 비집고 들어가서 내 얘기를 시작하는 타이밍을 잡는 게 어색하다. 또 천천히 말하거나 한국어 억양이 툭 튀어나올 때 다들 못 알아듣겠다는 표정으로 날 바라보는 시선까지 견뎌야 한다. 나는 처음에 다들 원어민이라 내가 아무렇게 단어를 던져도 멋지게 받아칠 줄 알았다. 하지만 오히려 정확하게 얘기하지 않으면 못 알아듣는다. 마치 스트라이크로 공을 던지지 않으면 배트를 꿈쩍도 하지 않는 선수들 같다. 그래서 원어민들이 사용하는 단어와 표현으로 말할 줄 알아야 한다. 결국 원어민들이 어떤 상황에 어떻게 말하는지 열심히 관찰하고 외우는 수밖에 없다. 다른 학생이 말할 때 그냥 이해하고 넘어가는 게 아니라 '비슷한 상황에 나도 저 말을 꼭 써야지!'라는 생각으로 집중해야 한다.

"왜?"

어떤 말을 하더라도 웃으며 'why?'라고 묻는 교수의 얼굴이 가끔 미울 때가 있다. 내가 습관적으로 단정 짓는 말을 하거나

일반적인 토론 수업.

내 의견이 아닌 어디서 주워들은 말을 그대로 읊을 때 교수는
귀신같이 알아채고 왜 그렇게 생각하는지 묻는다. 그리고
레퍼런스를 사용했다면 반드시 어떤 자료를 어떻게 활용했는지도
설명해야 한다.

수업 시간에는 영어를 못해도 인기 있는 친구들이 있다. 튀는
억양으로 어색하게 말하는데 오히려 원어민들이 그 억양에
익숙해질 정도로 재미있게 떠든다. 반대로 겸손하게 입 닫고
앉아 있으면 멍청이로 무시당하기 쉽다. 사람들이 나에게 관심을
가지고 호의를 베풀어야 연습해온 영어도 떠듬떠듬 말할 기회가
생긴다. 나는 누군가 나에 대해 물었을 때를 대비해 흥미로운
답변을 미리 생각해두거나 언제든지 보여줄 수 있는 작은
스케치북을 들고 다닌다. 언제든 내가 나에 대해 말할 수 있도록.

책을 만들다 —
북 바인딩을 배운 이유

'조'는 '도슨 프린트숍Dawson Printshop'에서 가장 오래 일한 직원이다.
그의 하얀 수염과 동글동글한 안경을 보고 있으면 어쩔 수 없이
산타클로스가 생각난다. 조는 항상 따뜻한 니트 질감의 베이지색

셔츠를 입고 회색 털장갑을 끼고 다닌다. 예민한 기계를 만져야 하거나 과자를 집을 때만 장갑을 벗는데, 처음 만나서 악수를 할 때 느꼈던 까끌까끌한 털장갑의 촉감이 오래 기억에 남았다.

미술대학에서 일반인을 대상으로 하는 Extended Class 중에 조가 가르치는 북 바인딩 수업을 신청했다. 북 바인딩 수업에서는 8주간 손으로 책을 만든다. 기계로 책을 찍어내기 시작하기 이전에 오랫동안 사람들이 책을 엮었던 방법을 배우고 구조적으로 새로운 시도를 해볼 수 있는 바인딩 기법도 배울 수 있다. 물론 일반적으로 읽히는 책보다는 노트를 만드는 쪽에 가깝다. 표지도 인쇄물보다는 레터프레스로 찍거나 가죽, 천 등을 하드보드지에 붙여서 만든다. 표지부터 책을 넣을 상자까지 손으로 만들지만 도구가 생각보다 복잡하지 않아서 집에서도 충분히 혼자 만들 수 있다.

솔직히 책 만드는 데에 관심이 많아서 북 바인딩 수업을 듣게 된 건 아니었다. 매일 과제에 쫓겨 트레이싱 페이퍼와 노트북 화면만 들여다보니 온 신경이 펜 끝처럼 뾰족해졌다가 금방 닳고 다시 날이 서는 과정을 반복했다. 손으로 느긋하게 무엇이든 만지면 그 긴장이 조금 느슨해질 것 같았다. 서울에서 가죽공방을 다니며 망치질을 했을 때 느낀 성취감이 떠올랐다. 진한 본드 냄새,

은은한 가죽 향기, 탕탕탕 망치소리와 규칙적인 바느질은 매일 치열했던 삶에서 단순한 행복을 찾게 해주었다. 북 바인딩은 가방을 만드는 것보다는 훨씬 덜 복잡하고 초보자도 큰 실수가 없으면 결과물에 꽤 만족도가 높은 작업이었다. 하지만 수업 자체는 내 예상과 많이 달랐다.

첫날, 은은한 음악이 흐르고 어둠이 깔리는 밤에 일상에 지친 사람들이 하나둘 모여 조용히 책을 만드는 공간을 기대했다. 각자 자신만의 책을 꿈꾸며 두런두런 꿈을 현실로 만들어가는 작은 프린트숍. 강사는 여유롭게 학생들에게 많은 지식을 전달하고 체계적으로 수업을 진행하며 만족도 높은 강의를 진행할 거라고 기대했다. 그러나 나는 내가 신청한 강의가 북 바인딩 수업인지 영어회화 수업인지 헷갈리기 시작했다. 우리는 조와 첫인사를 나누고 곧 또 다른 직원인 캐서린도 만났다. 캐서린은 단 5초도 쉬지 않고 끊임없이 말을 할 수 있는 사람이었다. 에너지가 얼마나 넘치는지 저녁식사를 할 시간이 없어 수업시간에 냉동음식을 데워 먹으면서도 입에 음식을 가득 물고 얘기했다. 학생들은 조용한 듯 보였지만 캐서린이 계속 말을 걸면서 함께 쉴 새 없이 이야기하기 시작했다. 조는 옆에서 잠잠히 과자를 하나씩 까서 먹었다. 그는 털장갑을 낀 채로 손톱만 한 봉지를 하나씩 열어서 경건하게 장갑을 벗고 알맹이를 집어 입안에 넣었다. 그리고 함박웃음을 지었다. 앞에 있는 과자를 다 먹으면 천천히 책상 서랍에서 과자 꾸러미를 들고 왔다. 캐서린은 한참 수다를 떨다가 조에게 단 것 좀 그만 먹으라고 잔소리했다. 조가 아랑곳하지 않고 계속 먹으면 캐서린은 눈을 흘기고 과자를 뺏어가곤 했다.

나를 제외한 4명의 학생은 모두 현지인이라 그녀의 수다에 적당히 동참하면서도 수업을 잘 따라갔다. 캐서린이 목이 타 물을 마시면 그 틈에 조가 개미만 한 목소리로 오늘 할 과제를 설명했는데 내가 잘 알아듣지 못해 다시 묻고 싶어도 어느새 촉촉해진 그녀의 목소리가 들렸다. 결국 눈치를 보며 옆 사람을 따라 재단하고 바느질하고 표지를 만들기 시작했다. 다행히 친절한 학생 '텐'이 날 챙겨줘서 금방 따라갈 수 있었다.

"다들 이 수업 왜 듣는지 물어봐도 돼?"
어느 날 출장을 떠난 캐서린 덕분에 조용한 프린트숍에서 풀칠을 하며 다른 학생들에게 물어봤다. 몇 번 만나며 익숙해진 학생들은 나와 인사를 나눴지만 길게 대화하려 하진 않았다. 그래, 먼저 다가오지 않으면 내가 먼저 나서야지.

"난 영문학 박사논문 쓰고 있는데 머리 식힐 겸 들으러 왔어."
"난 친구가 추천해서. 이거 다 들으면 레터프레싱도 듣고

캘리그래피도 들을 거야. 아, 혹시 안 들었으면 패브릭 수업 추천할게. 드레스나 바지 같은 옷 한 벌 만드는데 진짜 재밌어."

이렇게 이야기를 시작하면 내가 꼭 듣는 말이 있다. '너 생각보다 영어 잘하네.' 내가 영어를 진짜 잘해서라기보다는 현지인이 보기에 처음엔 웬 동양인이 조용히 앉아 있으니 불편해서 말을 안 걸었다가 얘기를 해보니 괜찮을 때 주로 이런 말을 듣는다. 물론 캐서린이 폭풍 같은 말을 쏟아낼 땐 내가 감히 끼어들 수 없었다. 나도 말을 가다듬는 데 시간이 걸리니 주변에서 기다려줄 여유가 있을 때만 말을 거는데 사람들에게는 그런 태도가 소극적으로 비칠 때가 많았다.

수업에는 교재가 없었다. 체계적으로 차근차근 진도를 밟아가는 게 아니라 기본적으로 만드는 책이 있고 학생들의 요청에 따라 추가로 더 만드는 식이었다. 조는 과자를 먹다가도 누군가 풀칠을 엉뚱한 곳에 하기라도 하면 벌떡 일어나서 지적했다. 백과사전 같이 두꺼운 책에 많이 쓰는 하드커버 북을 만들 때는 예전엔 15분 만에 한 권 만드는 게 시험 문제였다면서 정확하고 빠르게 많이 만들어야 북 바인더가 될 수 있었다고 했다. 과정이 복잡해지자 학생들이 하나둘 헷갈려하기 시작했다. 그의 뭉툭한 손가락이 잠시 장갑에서 나와 종이를 스쳐 지나갔다. 두꺼운 굳은살로 뒤덮인 손가락이 점점 굳어지는 걸 목격했다. 조는 당혹스러운 표정으로 다시 손을 장갑에 넣고 난로에 가까이 가져갔다. 캐서린은 그가 젊었을 때 손을 너무 혹사시켜서 온도가 조금만 떨어져도 손가락이 굳는 병에 걸렸다고 했다. 한때 유명한 북 바인더로 전 세계를 여행했던 그가 지금은 혼자서는 책도 못 만들고 유일한 낙은 군것질이라는 게 조금 슬펐다.

"근데 북 바인더야말로 필요 없는 직업 아닐까? 요즘엔 책도 안 팔리는데 누가 굳이 손으로 만들려고 하겠어."
텐이 나와 함께 표지를 벽돌로 누르다가 캐서린에게 푸념 섞인 말을 했다. 오래 일한 장인이라도 한 시간에 서너 권 만들기 어려운데 당연히 기계의 속도를 따라갈 수 없다. 그렇다고 나만의 책을 한 권만 만들기엔 책 자체의 가치가 점점 떨어져 가고 있고 책이라는 구조의 특성상 개성 있는 디자인을 많이 선보이기도 어렵다. 책에 담겨 있던 콘텐츠는 다른 매체로 이동했으니 자칫 북 바인딩은 날아가버리고 없는 매미의 허물 같은 존재이진 않을까.

치요가미라 부르는 일본의 꽃무늬 색종이로 표지를 만들면서 내가 왜 책을 만들고 싶어 하는지 생각했다. 조는 종이가 중국에서 시작됐고 일본에서 완성됐다는 표현을 썼다. 내가 보기엔 많이 화려한 무늬가 가득 찬 종이가 이들에겐 일본에서 온 아름답고

스티치를 배웠던 날.

책의 형태와 구조를 배우다.

손으로 쉽게 만들 수 있는
바인딩 기법.

프린트숍 내부 풍경.

느리지만 확실한 방법: 고무판을 파서
잉크로 찍는 linocut 시간에 만든 사슴
그림. 찍을 때마다 느낌이 다르다. 손으로
하는 작업이 많을수록 속도는 느리지만
재미있는 작품이 나온다.

다른 프린트숍을 방문했던 날.

고급스러운 포장지로 알려져 있었다. 한국에서 흔하게 보던 은은한 한지는 찾을 수 없었다. 질 좋은 수제종이로 내부를 채우니 아무 내용 없는 예쁜 노트가 완성됐다.

마지막 날 나는 조에게 초콜릿을 한 상자 선물했고 다른 학생들에게 작별 인사를 했다. 다른 수업에서 또 만날지, 길거리에서 우연히 만날지는 모르겠지만 우리는 우리가 만든 책들을 바라보며 한 가지 약속을 했다.
'원래 책은 내용이 먼저고 그것을 어떻게든 널리 많이 알려주려고 만들어낸 방법이 북 바인딩이야. 우린 반대로 북 바인딩을 먼저 했으니 이제 안을 채울 내용을 만들어야 해. 언젠가 우리가 만든 책으로 꼭 전시회를 하자.'

100년 넘은 레터프레스 기계로부터 ─
우리는 모두 유일하다

가을이 물드는 어느 금요일, 답답한 강의실을 잠시 벗어났다. 근처 오래된 프린트숍에 가서 옛날 방식으로 글자를 찍어보는 게 목표였다. 일반적인 인쇄소와 달리 이곳에는 활자를 찍어내는 레터프레스 기계가 남아 있었다. 요즘엔 모든 디자인 작업을 컴퓨터로 하기 때문에 실제 나무 활자를 만져보고 찍어볼 일이 거의 없다. 컴퓨터에서 출력하면 크기도 자유롭게 조정하고 마음에 안 들면 얼마든지 금방 뽑을 수 있지만, 레터프레스에는 다른 매력이 있을 터였다.

직원이 노련한 손놀림으로 잉크를 골고루 바르고 느긋하게 종이를 자르기 시작했다. 슥삭. 시간이 꽤 지나고 나서야 한 명씩 롤러를 돌려 직접 찍어볼 수 있었다. 덜컹. 100년이 훌쩍 넘은 세월을 견딘 묵직한 기계가 부드럽게 돌아갔다. 완벽하게 채워지지 않아 듬성듬성 남아 있는 흰 공간이 보였다. 이게 손맛인 걸까. 찍을수록 이것도 해보고 싶고 저것도 해보고 싶은 욕심이 들었다. 다들 같은 마음이었지만 아쉬운 마음에 작업물에 코를 대고 냄새를 맡기 시작했다. 킁킁. 아무리 맡아도 오일 잉크 냄새뿐이지만 왠지 글자에서 생명력이 느껴지는 듯했다.

"모두 같은 글자이지만 모두 다르네요."
첫 번째 크리스가 말했다. (우리 클래스에는 총 세 명의 크리스가 있다.) 각자 원하는 대로 알파벳을 조합할 시간이 없으니 우리 모두 같은 활자를 같은 색으로 찍었다. 하지만 어떤 것도 같지 않았다. 무엇이 더 완벽하다고 평가할 수 있을까? 몇 분 간격으로 같은 환경에서 찍은 활자도 같지 않다. 모든 것이 같지만 모든 것이 유일했다. 우리들처럼.

잉크 묻은 손을 쓱쓱 닦고 근처 피자 가게에 들렀다. 교수는 어느 순간 사라지고 없었다. 같이 공부하는 학생들과 학교 밖에서 먹는 첫 외식이었다. 어색한 듯 익숙한 듯 우리는 각자 메뉴를 주문하고 물을 벌컥벌컥 들이키며 수다를 떨었다. 시끄러운 음악 사이로 영어가 힘겹게 밀고 들어왔다. 주변이 조용해도 애를 쓰며 영어에 집중해야 하는데 아예 들리지 않으니 포기하고 그저 빙긋 웃으며 딴생각을 했다.

"……유진, 넌 여기 왜, 어떻게 왔어?"
피자 먹으려고. 혼자 중얼거리다가 진짜 그렇게 대답할 뻔했다. 독일 뮌헨에서 온 플로리나가 눈을 동그랗게 뜨고 나를 바라보고 있었다.

"음. 좀 다르게 살고 싶어서."
말을 뱉고 나니 아차 싶었다. 그럼 뭐가 어떻게 다른지 길게 설명해야 하잖아. 그냥 여기가 좋아서 왔다고 대답할걸.

다행히 옆에 있던 메건이 테이블을 탁 치며 대답했다.
"나도 그래!"

그녀는 연봉이 꽤 높은 패션회사에서 마케터로 일하다
그만뒀다고 했다. 좋은 직장에 들어갔으니 부모님도 좋아했고
친구들도 축하해줬는데 어느 날 그만두니 난리가 났다고 했다.
"주변에서 다들 결혼하고 애 낳고 행복하게 사는 거 같은데 난
정말 그렇게 살고 싶지 않더라고. 다른 게 하고 싶었어."

플로리나는 눈을 가늘게 뜨면서 심각한 표정을 지었다. "나는
아트 갤러리에서도 일하고 여행사에서도 일해봤는데 겉에서
보기 좋은 일이 실제로 해보니 영 아니더라고. 하루에 5시간 이상
가만히 앉아 있기만 했어. 내가 80살쯤 먹었으면 그 일이 편해서
좋았을 수는 있겠네."
나는 조심스럽게 내 이야기를 시작했다. 시끄러운 음악소리는
여전한데 신기하게 주변이 조용해지며 내 목소리가 수면 위로
드러나기 시작했다. 평범한 이야기지만 내가 있던 곳에서
평범하지 않았던 경험을 어떻게 전달하면 좋을까. 때로는 술에
잔뜩 취해 비틀거렸던, 친구들과 크게 떠들며 걸었던 서울
골목길이 떠올랐다. 일행 중 한국에 가본 사람은 아무도 없었다.
하지만 동그란 대화가 점점 커져서 우리 모두를 감싸기 시작했다.
다들 지난 이야기를 선뜻 꺼냈다. 누군가의 바보 같았던 선택에는
같이 웃고 돈이 없어 힘들었던 사연에는 다들 한숨을 내쉬었다.
무엇을 해야 할지 몰라 방황했던 시기는 누구에게나 있었다.

처음부터 이 길이다 싶어 줄곧 한 길만 걸었던 사람은 아무도 없었다. 나만 그런 게 아니었구나. 마음이 편해진 건 나뿐만이 아니었다. 다들 안심하는 표정 위로 미소가 얼굴에 번졌다.

"만약 디자인도, 그림도, 일러스트도 잘 못하거나 내 길이 아니면, 그땐 어떡할 거야?"
누군가 뒤에서 작게 물었다.

이번엔 내가 대답했다.
"다른 거 하면 되지. 다들 이미 여러 번 망해봐서 알잖아.
안 죽어."

5

낯선 풍경이 일상이 되기까지

제가 할게요 —
선택하고 책임지는 연습

바람이 차갑게 느껴질 때쯤 학교생활도 조금씩 익숙해지기 시작했다. 9월에 시작한 학기는 12월 중순에 끝나고 2주 정도 크리스마스 연휴를 보낸 다음 1월 초에 다시 시작한다. 겨울이 가까워지고 과제의 양이 많아지면서 점점 학교 외부 일을 찾아서 하는 학생들이 늘어났다. 대부분 학생들이 고등학생 때부터 일을 해서 돈을 모으고 이미 다른 일을 하다 온 경우도 있으니 작은 디자인 일을 맡아 하는 건 흔했다.

수업에서 그런 아이들의 이야기를 듣고 있으면 부러웠다. 난 공부할 땐 아무 생각 없이 집중할 수 있어서 좋았지만 가끔 다른 일을 더 해야 하지 않을까 싶은 마음이 들곤 했다. 하지만 학교에서 만난 사람들 이외에 아는 사람이 없으니 일을 어떻게 알아봐야 하는지, 무엇부터 시작해야 하는지 정보가 전혀 없었다. 물론 학교 교육 과정을 따라가면 다음 여름 방학에는 비영리단체와 일하고 2년 차에는 인턴십이 포함되어 있기 때문에 크게 걱정할 필요는 없었지만, 실무 경험은 계속 필요하다고 느껴졌다.

학기를 시작할 때 국제학생을 위한 프로그램이 있었다. 점점 많아지는 국제학생을 대표해서 몇 명을 뽑아 이벤트도 만들고 다른 학생들의 캐나다 사회 적응을 돕기 위한 프로그램이었는데 장학금을 준다고 해서 나도 지원했다. 한 번은 다른 국제학생들과 피자 파티를 기획했는데 내가 무엇을 할 수 있을지 고민하다 홍보 포스터를 만들었다. 돈을 더 주는 것도 아니고 기업과 일하는 것도 아니었지만, 교실 안에서 복작복작 숙제를 하는 것보다 훨씬 많은 사람이 볼 수 있는 포스터를 만드는 건 꽤 즐거웠다. 이왕 만드는 거 소셜미디어에 공유할 동영상도 만들자, 자유롭게 드로잉을 섞어보자는 생각에 일이 점점 늘어났다. 그 후 국제학생을 대상으로 하는 이벤트가 있을 때마다 나에게 홍보물을 만들어달라는 요청이 들어왔다. 자원봉사였기 때문에 물질적 보상은 없었지만 내가 만들고 싶은 대로 해볼 수 있는 기회라 적극적으로 참여하기로 했다.

'혹시 다른 행사가 있으면 디자인 작업은 저에게 맡겨주세요.'
고민하다 국제학생 담당자에게 메일을 보냈다. 어떤 요청이든 해도 괜찮다고 했으니 조금 대담하지만 먼저 손을 들어보면 어떨까 싶었다. 학생들과 일하는 건 즐거웠고 활기가 넘쳤지만 가끔 터무니없는 요구로 날 힘들게 하기도 했다. 밤 12시에 갑자기 연락해서 아침에 올릴 영상을 만들어 달라든지, 책임자가 없어서 수정 요구만 여기저기서 많이 나올 때는 어떻게 거절해야 할지 몰라 괜히 일을 만들었나 후회스럽기도 했다. 상사까지는 아니더라도 학교의 담당자와 일을 하면 의사소통이 더 원활하리라 기대했다.

담당자는 며칠이 지난 후에 답변을 보냈고, 나에게 학교 행사에서 쓸 작은 이름표를 디자인하는 일을 맡겼다. 일정을 확인하고 지시사항을 잘 따라서 디자인을 넘기니 좋은 반응이 돌아왔다. 곧 다른 행사에 쓰일 홍보물을 리뉴얼하는 작업이 들어왔고 점점 함께 일할 수 있는 기회가 늘어났다.

'난 네가 알아서 일을 찾고 만들어서 좋아.'
굳이 필요 없는 일까지 만들면서 하지 말라는 눈총을 받으며 자랐던 나는 이런 칭찬 한마디에 울림을 느낀다. 무리해서 일을 많이 벌일 필요는 없지만 가끔 손을 들고 나서도 괜찮다는 생각이 들었다. 나와 함께 일한 모든 사람이 나의 레퍼런스가 된다. 시간이 흐르면 나의 성격이나 일하는 자세를 남에게 긍정적으로 얘기해줄 관계를 만들 수 있다. 한국에서 캐나다로 올 때 왜 추천서가 여기저기서 필요한지 이해할 수 없었는데, 작은 일들을

국제학생을 대상으로
하는 컨퍼런스의 브랜딩을
맡아서 진행했다.

조금 겪고 나니 한국과 달리 어디서 일했냐는 것보다는 누구와 어떻게 일했는지를 더 중요하게 본다는 생각이 들었다.

어느 날 봉사활동을 해줄 수 있겠느냐는 메일을 받았다. 캐나다에서는 고등학생들이 진로를 결정하기 위해 대학에 찾아와 설명회를 듣는데 이번엔 국제학교에서 온다고 했다. 학교 입장에서는 다양한 국적을 가진 학생들의 학교 투어에 이미 이 학교를 다니고 있는 국제학생이 있으면 더 좋으리라 생각했던 것 같다. 나는 다행히 시간이 비어서 수업이 끝나고 밤 9시까지 고등학생들과 함께 시간을 보냈다. 한국이라면 열심히 수능 준비만 하고 있을 나이의 학생들이 학교마다 주는 기념품을 잔뜩 받고 입학담당자에게 편하게 질문할 수 있는 상황이 낯설게 느껴졌다. 처음엔 나에게 겁을 먹고 다가오지 않았던 학생들이 점차 '지금 공부하는 건 재미있는지', '왜 한국에서 전공이랑 다른 걸 하는지' 같은 질문을 하기 시작했고 난 그들과 대화를 나누며 즐겁게 시간을 보냈다.

시간이 지나고 그 봉사활동을 잊고 있었는데 선물이 하나 도착했다. 그날 자신을 도와줘서 정말 고마웠다는 내용의 손편지와 학교 기념품 몇 개가 들어 있었다. 그리고 이미 친분이 있던 다른 국제학생 담당자는 나에 대해 좋은 이야기를 많이

들었다는 얘기를 하며 혹시 학교 행사에 새로운 의견이 있으면
꼭 알려달라고 했다. 나는 그저 질문 몇 개에 답을 해주고 담당자
뒤를 졸졸 쫓아다닌 것밖에 없는데 그런 이야기를 들으니
얼떨떨했다. 돈을 주지 않는 행사에는 관심을 갖는 학생이 적었고
나도 별 생각 없이 참여했는데 오히려 이렇게 기대하지 않았던
피드백을 받을 수 있어서 신기했다.
'나도 그날 즐거웠어요. 혹시 다른 행사 있으면 또 나에게
알려주세요. 선물 고마워요!'

왜 밥을 사면 안 되지 —
더치페이의 미학

난 돈 관리를 정말 못했다. 첫 직장부터 일이 바빠 신경을 못
쓴다는 핑계로 월급통장은 거의 관리하지 않았다. 25일마다
급여가 들어오면 바로 카드 값이 나갔고 나머지에서 대충 용돈
쓰고 부족하면 신용카드를 쓰는 식이었다. 그래서 강제로 적금을
붓기 전까진 돈이 모이지 않았고 유학을 가겠다고 마음먹기
전까진 한 달에 용돈을 얼마나 쓰는지 정확히 몰랐다.

회사 다닐 땐 돈 쓸 곳이 얼마나 많은지, 친구들과 만나서 기분

좋으면 밥 정도는 살 수 있을 만큼 돈이 있었고 새로 생긴 맛집은 꼭 가보고 싶어서 외식 스케줄은 미리 빡빡하게 세웠다. 사고 싶은 것도 먹고 싶은 것도 많으니 장바구니는 온라인이나 오프라인이나 항상 꽉 차 있었다. 각종 원데이 클래스나 취미생활은 투자라고 생각해 가격이 비싸도 선뜻 결제했다.

하지만 캐나다로 오면서 돈에 더 이상 너그러워질 수 없었다. 아껴야 하는 건 현실이고 15퍼센트나 되는 부가세는 장벽처럼 느껴졌다. 다행인지 이 도시에는 맛집과 카페는 가려고 해도 갈 곳이 별로 없다. 학교에는 카페테리아가 있지만 대부분 학생들이 도시락을 들고 다닌다. 카페테리아가 별로 저렴하지 않고 맛도 없기 때문이다. 난 주로 볶음밥이나 샌드위치를 싸고 커피를 꼭 내려 한 통씩 들고 다닌다. 카페테리아의 카페라테가 세금 포함 4.35불인데 매일 사 먹기엔 역시 부담이기 때문이다.

친구들끼리 수업이 끝나고 수다를 떨거나 같이 숙제를 할 때는 집에 모이거나 빈 강의실을 이용한다. 처음엔 한국처럼 당연히 카페를 가자고 했더니 다들 갸우뚱했다. 왜 군이 돈을 쓰면서 카페에 가야 하냐고 물었다. 날씨가 좋으면 공원에 가고 아니면 학교에 더 있자고 했다. 저녁까지 학교에 남아서 숙제를 하고 싶으면 아침에 도시락을 두 개 싸서 나왔다. 고3으로 되돌아간 기분이 들었다.

한 달에 한국 돈으로 약 17만 원, 200불의 용돈은 대부분 수업 재료, 책, 각종 모임, 드로잉 일일 클래스에 쓴다. 나만 혼자 돈을 아껴야 하면 조금 억울할 수도 있지만 학생들은 사정은 비슷했다. 가끔 카페에 가서도 솔직히 돈이 없어 주문을 안 하겠다는 친구도 있었고 피자 값을 나눠 낼 수 없어 양해를 구하는 친구도 있었다. 나도 가끔 그 생각이 나서 같이 나눠먹으려고 일부러 도시락을 넉넉히 가져갔다.

여기에는 연말이어도 한국처럼 밥을 사겠다고 나서는 사람도 없고 실컷 먹고 거하게 취하는 송년회도 없다. 대신 각자 마실 술과 음식을 들고 모이는 파티는 있었다. 처음엔 잘 몰라서 미리 얘기한 멜론만 두 통 가져갔더니 왜 음료는 안 가져왔냐는 말을 들었고 빈손으로 멀뚱하게 서 있다가 다른 사람이 가져온 와인을 얻어 마셨다. 한 번은 친구 집에서 한국음식 파티를 하면서 음식을 내가 모두 준비했는데 다들 맛있게 먹고 난 후 친구가 다음번에는 꼭 재료를 나눠서 준비하자고 했다. 마음은 고맙지만 재료 살 때 쓰는 돈이라도 나눠서 부담하는 게 좋겠다는 말이 고맙기도 했고 서운하기도 했다. 내가 잘해주고 싶은 마음을 왜 몰라주나 싶었지만 항상 날 친절하게 대해주는 친구들을 보니 내

친구들과 집에서 숙제를
하다가 김치를 먹었던 날.

혼돈의 24시간/우리 집 찾기 :
아침에 눈을 뜨자마자 난 어디서
살아야 하지 걱정한다. 갑자기
주변의 모든 것이 낯설고 어렵다.

방식만 고집하면 안 되겠다는 생각이 들었다. 내가 밥을 사거나 친구에게 무조건 잘해주는 게 부담이 될 수도 있구나. 마음에 들지 않는 선물을 받아도 관계가 틀어질까봐 좋은 말만 했던 이전의 관계보다 훨씬 담백해졌다. 작은 편지를 써서 친구에게 주면서 내가 배려하지 못해 그동안 미안했던 마음을 전했다.

'나와 같이 시간을 보내는 것만으로도 충분해.
내 친구여서 고마워.'

라이프 드로잉 —
몰입의 경험, 누드 크로키

누군가 나에게 라이프 드로잉 해봤냐고 물어봤을 때 그게 뭔지는 몰라도 해봤을 거 같아서 그렇다고 했다. 드로잉 앞에 라이프가 붙었으니 왠지 추상적인 건 아닐 것 같았고 풍경화나 정물화를 그렇게 부르나 싶었다. 알고 보니 라이프 드로잉은 누드 크로키였다. 그는 학교에서 가까운 곳에서 누드 크로키 모임이 매주 열리고 있으니 한번 가보라고 했다.

내가 사람들에게 누드 크로키를 추천한 적은 몇 번 있었는데 추천받은 건 처음이었다. 누드라는 단어가 주는 어색함과 진지한 분위기의 불편함이 장애물이었을까. 한국에서는 주변 사람을 끌어들이긴 했지만 다들 그림엔 소질 없다며 거절한 탓에 항상 혼자 다녔다. 사람들과 얘기하다 보면 과연 짧은 시간 동안 그림을 그릴 수 있을지 모르겠다는 걱정부터 '진짜 다 벗어?'라는 깜찍한 질문을 받곤 했다.

한국에서 누드 크로키 마지막 세션을 마쳤을 때 캐나다에 가면 또 이런 기회가 있을지 궁금했다. 설사 있다 하더라도 내가 모를 가능성이 높으리라 생각했는데 웬걸, 학교가 개강한 지 한 달도 되지 않아 그렇게 가깝지도 않은 사람에게 정보를 들었다. 재빨리 검색했다. 매주 수요일 저녁 7시. 참가비는 5불. 미리 등록할 필요도 없었고 주의사항이나 모델의 성별 같은 정보도 없었다. 정보란에는 누구든지 환영하며 각자 그림 도구는 준비해야 한다는 메모만 짤막하게 달려 있었다. 그래, 일단 가보자.

수요일 6시 30분. 미리 가서 분위기를 파악해야 마음이 편해지는 성격 탓에 일찍 도착했다. 조용한 골목에 있는 골동품 상점 문을 열고 안쪽으로 쭉 들어가니 의자가 10개쯤 옹기종기 모여 있는 작은 공간이 있었다. 사람들은 거의 없었고 모델로 보이는 한 여자가 요가 동작을 하며 몸을 풀면서 친구와 이야기를 하고 있었다. 내가 두리번거리며 어색하게 의자를 차지하자 나에게

갤러리 내부에서 진행하는
누드 크로키 시간.

우리 집 찾기 :
파머스마켓에서 까눌레를
사먹으며 안락한 공간을
꿈꿨다.

잠깐 눈길을 주고는 다시 수다로 돌아갔다. 좁은 공간이라 사람이 별로 없나 싶었지만 7시가 되자 20명이 넘는 사람들이 우르르 몰려왔다. 의자가 부족하니 다들 바닥에 털썩털썩 앉았다. 내 옆에는 일을 마치고 유니폼을 그대로 입고 온 아저씨가 큰 스케치북을 펴느라 끙끙대고 있었고 중학생으로 보이는 여학생은 옆 사람과 신나게 이야기하고 있었다. 난 주로 쓰는 붓펜과 색연필을 꺼내서 스케치북과 함께 무릎 위에 올려두고 어서 시작하길 기다렸다. 누드 크로키는 짧고 강렬한 몰입을 경험할 수 있는 기회다. 마치 격렬한 운동을 짧게 여러 번 할 때 온몸의 근육이 시원하게 풀리는 느낌이 드는 것처럼 뇌가 조였다가 풀어졌다 하며 일상의 긴장감을 내려놓게 된다.

모델은 자연스럽게 몸을 움직이기 시작했다. 30초, 1분, 5분, 10분. 포즈당 시간이 길어질수록 긴장감이 조금씩 덜어지고 선은 굳어졌다. 하품을 연달아하다가 옆 사람과 눈이 마주쳤다. 하루 종일 긴장한 채 수업을 듣고 와서 다시 집중을 하려니 눈이 저절로 감겼다. 잠을 깨려고 모델이 아닌 다른 사람들을 그렸다. 쓱싹쓱싹 곧 정적의 순간이 끝났고 여기저기서 서로 그림을 보여주며 떠들기 시작했다. 혼자 동떨어진 기분이 들었다. 다들 녹색 신호에 길을 건너고 있는데 나만 어떻게 건너야 할지 몰라 발을 동동 구르는 상상을 했다. 옆에서 내 그림을 슬쩍슬쩍 곁눈질하던 아저씨와는 결국 말 한마디 나누지 못했다.

그 후로도 몇 번 골동품 상점을 찾았지만 곧 집에서 가까운 갤러리에서 하는 라이프 드로잉 세션을 발견하고 장소를 옮겼다. 밝은 분위기와 조용한 사람들이 마음에 들었다. 그림이 걸린 벽 사이를 치우고 만든 공간은 아늑했고 모델은 빛을 충분히 받아 피부가 반짝였다. 한쪽에서는 5살짜리 아이도 크레파스를 만지고 있었다. 잔잔한 피아노 연주에 맞춰 모델은 자연스럽게 몸을 움직였다. 그녀는 쉬는 시간에 가방에서 작은 책을 꺼내 조용히 책을 읽었는데 그 모습을 무척 그리고 싶었지만 혹시 그녀의 짧은 휴식을 방해할까 싶어 그만두었다.

"반가워요. 난 에런이에요. 어디 살아요?"
옆에 앉아 연필을 깎던 힐미니가 나에게 말을 걸었다.
"여기서 가까워요. 어디 사세요?"
"난 바로 옆 아파트에 살아요. 건물이 피라미드처럼 생겼어요. 혹시 알아요?"
"아, 어딘지 알겠어요. 전 마추픽추처럼 생겼다고 생각했는데."
"재밌네요. 죽기 전에 가보고 싶은 곳들이네요."

우린 잠깐 동안 세상의 아름다움에 대해 더 이야기를 나눴다.

깜깜해진 풍경과 고요한 사람과 갤러리의 흰 벽이 무척
아름다웠다. 같은 공간에 모여 그림을 그리는 이 순간도 아름답게
흘렀다. 누군가 반대쪽 신호등에서 손을 흔들며 건너오라고
손짓하는 느낌이 들었다. 더는 외롭지 않았다.

너는 몇 살이니 —
우린 친구가 될 수 있을까

한국을 떠난 이후로 내 나이를 잊었다. 아니, 잊기보다는
드러내지 않으려 노력했다. 나이를 서로 묻지 않으니 나이가 꽤
있는 사람과도 편하게 대화할 수 있었다. 한국에서는 이름 대신
쉽게 부를 수 있는 호칭이 있었다. 선배, 부장님, 선생님, 사장님,
박사님 등등. 하지만 여기에서는 만나는 사람마다 모두 이름으로
불러달라고 했다. 문제는 몇 번을 만나도 이름이 잘 기억나지
않았다는 거였다. 발음하기도 힘든 영어 이름을 외우는 건
어려웠다.

어떻게 이름을 외울 수 있을까 고민하다가 핸드폰을 쓱 내밀고
페이스북 아이디를 알려달라고 했다. 대부분의 경우에 훈훈한
분위기에서 스펠링까지 복습할 수 있었다. 그러다 문득 상대방이

내 프로필까지 볼 수 있다는 사실을 깨닫고 제일 먼저 비공개로 바꾼 게 생년월일 정보였다.

한국에서 나이는 예민한 정보다. 20대 중반이 되기 전까지는 그게 왜 신경 쓰이는지 몰랐지만 어느 순간 주변에서 경고 알람을 켜줬다. 나이별로 완수해야만 하는 퀘스트가 정해져 있었다. 26살에는 대학 졸업하고 경력 쌓기 시작해야지. 29살에는 좋은 사람과 연애하고 있거나 결혼해야지. 결혼하면 애 낳고 집 살 생각하며 돈 모아야지. 30대에 다시 공부를 한다고? 간도 크네.

그러나 캐나다 사람들은 정말 상대방의 나이가 알고 싶지 않은 건지, 아니면 예의상 묻지 않는 건지 대부분 나이 얘기를 꺼내지 않았다. 가까워질수록 대화 내용은 점점 개인적인 이야기로 무거워지는데 신기하게 나이는 쏙 빼놓고 이야기했다.

"너, 내 나이 안 궁금하니?"

대뜸 꺼낸 내 질문이 꽤 이상했던지 상대방은 당황했다.

"음…… 알려주고 싶은 거니? 말하고 싶으면 해도 돼. 근데 왜?"

밤새 사람들과 어울렸던
Art at night.

작은 갤러리의 전시 오픈 행사.
내 그림도 걸려 있다. 많은
사람들을 만나 이야기를 나누었다.

왜라고 물으니 내가 더 당황했다. 생각해보니 나이를 알아도 딱히 쓸 필요가 없었다. 한국처럼 언니, 오빠, 동생, 후배 등 호칭을 정리해야 마음이 편해지는 문화가 아니니 그럴 수도 있겠다 싶었다. 그래, 나이 신경 쓰지 말고 젊게 살자.

마음 푹 놓고 지내다가 첫 수업시간, 돌아가면서 자기소개를 하기 시작했다. 누가 내 나이를 물으면 어쩌지. 동양인은 실제보다 어려 보인다는데 내가 나이가 많다는 걸 알면 친구 사귀기도 어렵지 않을까. 이런저런 생각이 지나가는데 벌써 내 차례가 됐다. 다행히 아무도 나이를 밝히지 않아 나도 별 말 없이 넘어갔다. 왜 이렇게 쓸데없이 나이가 신경 쓰일까. '나이 먹고 어린 학생들과 공부하기 힘들겠어요.' 한국에서 누군가 지나가며 했던 말이 떠올랐다.

교수와 면담하며 슬쩍 이야기를 꺼냈다. 나이가 많으면 같이 어울려 지내기 어렵지 않을까 걱정된다, 솔직히 조금 겁이 난다고 했다. 교수는 껄껄 웃더니 오히려 나이를 먹는 게 좋지 않냐고 되물었다. 본인은 절대 열아홉 살로 돌아가라고 해도 가지 않을 거라고. 경험으로 쌓인 지혜와 맞바꿀 만큼 어린 나이가 별로 매력적이지 않다고 했다. 그리고 아마 생각보다 함께 공부하는 학생들이 어리지 않을 거라며 나를 안심시켰다. "오히려 네가 어린 축에 속할 수도 있어."

그의 말이 맞았다. 학생들은 대부분 이미 다른 전공을 했고 일을 하다가 입학했다. 파트타임으로 일을 계속하고 있는 학생도 있었고 목공이나 자동차 정비를 했던 친구도 있었다. 오히려 고등학교를 갓 졸업하고 온 학생들은 어린 티를 내는 걸 좋아하지 않았다. 좋은 디자인은 좋은 스토리를 통해 나오기 마련인데 과제를 할 때마다 '왜 그렇게 만들었는지' 이유를 만들어내느라 머리를 싸맸다. 어려서 경험이 많지 않은 것이 더 힘든 면이 될 수는 있지만 그 반대를 생각하는 경우는 별로 없었던 것이다. 그들에게는 이렇게 다양한 배경과 경험을 가진 사람들과 어울려 공부하는 것 자체가 큰 도전인 듯했다.

"나 30살이야."
다른 학생들과 과제에 대해 얘기하던 중 결국 그 순간이 왔다. 두근거렸다. 대체 왜 그 나이의 사람이 여기 앉아 있는 거냐고 한심해하지 않을까.

"아, 너도 제프랑 나이가 같구나."
그게 다였다. 우리는 다시 과제 얘기로 돌아갔다. 누구와도 관계가 어색해지지 않았고 누구도 나를 불편해하지도 않았다. 시간이 흐를수록 줄을 꽉 움켜쥐듯 긴장하고 있던 마음이 조금씩 풀어졌다. 이제는 누군가 나이를 묻는다면 이렇게 대답할 것 같다.

'난 네가 생각하는 것보다 나이가 많아. 또 뭐가 궁금하니?'

심심한 천국에서 사는 법 —
멍 때려도 괜찮아

한국은 재미있는 지옥이고 캐나다는 심심한 천국이라고 누군가 말했다. 출처는 불분명한데 여기저기서 많이 들리니 대체 누가 시작한 말인지 궁금하다. 재미있는 지옥인 한국을 나름대로 정의한다면 '불이 꺼지지 않는 도시'라고 할 수 있겠다. 밤이 더 밝은 도시, 밤이 길고 깊어라 목이 터지게 노래를 부르다 그 끝에 새벽이 아쉽게 슬쩍 밝아지는 도시. 밤문화는 때로 회식의 질펀함을, 때로는 젊음의 화려함을 닮았다. 놀 게 많고 먹을 게 많으니 보고 싶은 얼굴도 많아지고 그렇게 또 함께 하루를 보내고 내일은 오고…… 가끔 토요일 아침 이태원 골목을 걷다가 세상의 종말을 닮은 모습에 깜짝 놀라곤 했다. 아침이 오길 애써 거부한 몸짓이 여기저기에 널브러져 있었다.

재미있는 지옥에 살다 심심한 천국으로 이사 오니 처음엔 모든 게 신기했다. 상점은 오후 4시에 닫고 카페도 오후 5시가 되기 전에 문 닫을 준비를 했다. 유일하게 늦게까지 여는 술집의 소음은 어두운 거리로 흘러나와 곧 사라졌다. 가로등이 띄엄띄엄 줄을 서있는 큰 길가에는 집집마다 새어나온 노란빛이 예쁘게 물들었다. 숨을 훅 깊게 쉬면 차갑고 무거운 밤공기가 가득 들어왔다. 아침과 낮과 밤의 경계 사이로 해가 뜨고 졌다. 천국에선 시간이 뚜렷하게 보이는구나.

하지만 아무리 아름다운 일몰이 내 눈앞에 펼쳐져도 매일 반복되면 시큰둥해진다. 그렇다고 밤문화가 그립거나 뭘 먹었는지조차 기억나지 않는 회식을 다시 하고 싶다는 건 아니다. 그래도 놀거리를 향한 갈망은 계속 커졌다. 서울은 갈 곳도 많고 새로 생긴 맛집을 찾아다니는 재미도 쏠쏠했는데 여기서 맛집을 찾아다니기에는 돈이 많이 들고 식당 문도 빨리 닫았다. 학교도 역시 누군가에게는 직장이니 4시 30분이면 조금씩 한산해지고 과제하는 학생들만 우글거렸다. 수업이 때로 2시에 끝나기도 하고 늦게 끝나도 4시면 모두 마치니 오후 시간이 덩그러니 남았다. 누군가는 일을 하러, 누군가는 친구를 만나러 사라졌고 나는 딱히 할 게 없으니 과제만 했다.

아무리 과제가 재미있어도 지칠 때가 왔다. 머리를 쥐어짜도 아무 아이디어도 안 떠오를 때, 연필같이 얇고 긴 어떤 것도 손에 쥐고 싶지 않을 때 갈 만한 곳이 필요했다. 그래서 지루한 천국에서 살아남는 나만의 방법을 만들기 시작했다.

이 지역에 살고 있던 사람들도 심심함을 어쩔 줄 몰랐던 것 같다. 덕분에 매 주말 빠지지 않고 놀거리를 만들어냈다. 여름에는 워낙 날씨가 좋고 휴가를 즐기러 온 외지 사람들로 어딜 가나 붐비니 재즈 페스티벌, 프라이드 축제, 톨쉽 축제 등 꽤 굵직굵직한 행사가 많다. 물론 작은 도시의 재즈 페스티벌은 한국의 재즈 페스티벌과는 달랐다. 한국의 뮤직 페스티벌은 대부분 이삼십대 청년의 열정에 기댈 때가 많다. 어딜 가나 비슷한 또래가 우르르 몰려다니고 '오늘 밤을 불태울 거야!'라는 의지의 깃발 아래 평소에 하지 못했던 행동을 분출하는 자유의 공간이었다.

하지만 핼리팩스의 재즈 페스티벌은 〈전국 노래자랑〉 분위기에 가까웠다. 교회 성가대를 떠올리게 하는 어르신들의 연주 실력은 꽤 대단했고 앞으로 나와 덩실덩실 춤을 추는 분들도 신기하게 잘 추셨지만, 전국 노래자랑의 송해 아저씨가 생각나는 건 어쩔 수 없었다. 이들에게 재즈는 우리의 트로트와 비슷했다. 덕분에 축제에 항상 따라다니는 대기업 홍보와 비싼 음식과 쓰레기는 없었고 다들 자유롭게 시간을 보냈다. 생수통에 'Tip'을 써붙이고 다니는 자원봉사자를 피해 풀밭에 누워 한숨 잔다든지, 벤치에 앉아 커피를 마시며 핸드폰 게임을 통통거리며 해도 괜찮았다.

습기를 머금은 바람을 맞으며 항구에 퍼지는 재즈를 배경음악 삼아 노을을 바라보는 여유도 누릴 수 있었다.

그 이후 주말이 되면 기대감은 집에 살포시 내려놓고 가벼운 마음으로 산책하듯 축제를 구경하러 다녔다. 1년에 단 하루, 밤 12시까지 모든 상점과 교회가 문을 열고 각종 공연과 전시를 하는 'Nocturne'부터 꽤 비싼 입장료를 내야 즐길 수 있는 '오이스터 축제', '수제 맥주 축제'에도 참여했다. 대단한 기업 홍보 부스와 유명한 가수와 치밀한 기획력은 볼 수 없지만 지역 주민이 참여하고 자원봉사자가 열심히 뛰어다니며 만든 아기자기한 놀거리를 즐길 수 있다. 이번 주에 뭘 하는지 궁금하다면, 버스 앞쪽에 쌓여 있는 '메트로 신문'이나 'the Coast 신문'을 하나 집어 들면 된다. 추가로 새로운 맛집 소개부터 요즘 시 의회에서 어떤 엉뚱한 짓을 하고 있는지 비판하는 기사를 꼼꼼히 읽으면 누가 얘기할 때 아는 척하기 쉬워진다.

또 하나, 나는 매주 페리 터미널에서 피아노 공연을 한다. 사실 공연이라기엔 거창하고, 그냥 가서 친다. 이왕 남들보다 늦게 다시 하고 싶은 공부를 시작했으니, 늦었다고 생각하는 건 뭐든 해보자 싶었다. 피아노도 그중 하나였다. 오선지를 벗어나 그려진 음표는 도레미파솔라시도 세어봐야 읽을 수 있고 음악시간에 배운 기호도 거의 까먹었지만 다시 피아노를 치고 싶었다.

캐나다에 도착한 지 얼마 되지 않았을 때 이곳의 주요 교통수단인 페리를 타기 위해 터미널에 들렀다. 대합실에는 오래된 피아노 하나가 소품처럼 자연스럽게 놓여 있었다. 저걸 누가 칠까 궁금해질 때쯤 어디선가 일본인 남자가 나타나 연주를 시작했다. 허름하고 앳된 뒷머리가 삐죽 서 있었다. 그의 손에서 흘러나온 음악이 대합실을 떠돌았다. 신나게 떠들던 사람들도 목소리를 줄이고 그를 돌아봤다. 안타깝게도 페리 탑승 알람이 울리자 그의 연주도 끝났고 그는 다시 사람들 사이로 조용히 사라졌다. 그에게 짧은 연주시간은 어떤 의미일까 궁금해졌다.

그를 본 후 악기점을 찾아 키보드 피아노를 사 왔다. 마음대로 움직이지 않는 손은 짜증났지만 유튜브에는 아름다운 피아노곡을 친절하게 알려주는 영상이 많았다. 혼자 헤드폰을 쓰고 맘껏 틀리며 키보드를 두들겼다. 과제 시작하기 전에 한 시간, 밥 먹고 한 시간. 그렇게 야금야금 연습했고 악보를 외웠다. 그리고 슬며시 복잡하지 않은 시간에 페리 터미널에 가서 여유로운 척 피아노 앞에 앉았다. 손이 덜덜 떨렸지만 어떻게든 한 곡을 마무리하고 페리를 서둘러 탔다. 그래, 자연스러웠어. 마치 지나가다 우연하게 친 줄 알 거야. 하하.

그렇게 아무도 부르지 않는 공연을 혼자 시작했다. 가끔 관심을

보이는 사람도 있고 말을 걸기도 하고 박수를 쳐주는 고마운
관광객도 있지만 그저 나와 눈이 마주쳤을 때 빙긋 웃어주는
사람이 제일 고맙다. 나와 같은 일상을 살아가는 사람들.
심심한 천국에서 즐겁게 살아가기 위해 오늘도 열심히 노력하는
사람들에게 선물하는 음악.

떼쓰는 아이처럼 —
당신도 지금 원하는 게 있다면

근처 코스트코에 장을 보러 갔다. 갓 구운 빵 냄새를 맡으며
오트밀의 칼로리를 비교하고 있는데 아이 울음소리가 들렸다.
엄마에게 뭘 사달라고 조르는지 징징 울고 있었다.

넓은 매장에 메아리를 만들며 울고 있는 아이의 사정이 궁금했다.
대체 뭘 사달라고 하는 걸까. 아이를 찾기는 어렵지 않았다.
아이는 자기 몸보다 큰 회색빛 곰인형을 들고 계속 흔들며 울고
있었다. 인형은 한눈에 봐도 조잡해 보였다. 아이 엄마도 같은
생각인지 연신 거절의 몸짓을 하고 있었다. 그녀는 아이의 요구를
무시하기로 마음먹었는지 등을 돌린 채 다른 쇼핑에 몰두하는
척하며 아이에게 관심을 두지 않았다. 허브 코헨의 『협상의

법칙』에 의하면 꽤 괜찮은 전략이다. 아이가 지쳐서 울음을 그칠 때까지 엄마의 승리 쪽으로 바늘이 기울었다. 아이는 엄마가 저만치 멀어지자 울음을 멈추고 주섬주섬 자리에서 일어나 아무렇지 않게 인형을 다시 매대에 올려놓고 쫑쫑 따라갔다.

나는 다시 시리얼 쪽으로 돌아갔고 곧 계산대 줄에 섰다. 회색 곰인형을 좋아하는 아이와 엄마도 옆 계산대에 물건을 올려놓고 있었다. 잠시 사라진 아이가 다시 돌아올 때까지 난 별로 관심을 두지 않았다. 하지만 곧 아이는 의기양양하게 곰인형을 안고 사라졌다. 어떻게?

알고 보니 계산대에 엄마가 물건을 올려놓는 데에 집중하는 동안 아이가 재빨리 인형을 다시 집어와 계산대 위에 턱 올려놓았다. 엄마가 아이의 철없는 행동을 나무라자 계산대 직원 세 명이 아이의 편을 들었다. 뭐, 이왕 더 많이 사게 하는 게 회사 매출에도 좋고 아이 편을 드는 게 세상의 정의에 더 가깝다는 판단을 한 것일까. 1:4의 대결에 엄마는 더 싸울 시간이 없는지 바로 백기를 들었다. 아이는 목적을 이뤘다. 엉성한 바느질과 빠지는 털 때문에 며칠 만에 인형을 버리게 될지도 모르지만.

떼를 쓰는 것과 협상은 다르다. 예를 들어 아이가 '곰인형을 사주시면 스스로 방 청소를 할게요'라고 한다면 자신이 대가를 치르므로 협상이 될 수 있다. 하지만 대가를 지불하지 않고 무언가를 간절히 바랄 때, 아이는 일단 바닥에 눕는다. 그리고 다리를 구르며 큰 소리로 운다. 그날 마트에서 떼를 쓰며 울던 아이가 추가로 선택한 전략은 지지자를 끌어 모아서 내 편을 늘리는 방법이었다. 〈슈렉〉에 나오는 장화 신은 고양이가 큰 눈을 껌뻑이면 안 넘어간 사람이 없던 것처럼 아이가 울음을 그치고 빤히 바라보면 져주지 않을 어른이 어디 있을까. 계산대의 덩치 큰 이모 세 명의 인상을 보는 순간 아이는 느꼈을 거다.
'아, 오늘은 나의 승리구나.'

문득 내가 마지막으로 떼를 썼던 기억을 더듬어봤다. 갖고 싶었던 미미인형을 사달라고 엄마에게 졸랐는지 시장 떡볶이와 튀김 냄새에 홀딱 넘어가 사달라고 울었는지 기억이 가물가물하지만, 엄마의 단호한 거절을 학습한 덕분에 나이가 조금 먹은 후엔 떼를 쓴 기억이 없다.

이후로는 점점 당장 하고 싶은 것, 갖고 싶은 것, 먹고 싶은 것을 추구할 여유가 없어졌다. 아이들은 자라면서 눈앞의 이익에 당장 휘둘리지 않아야 칭찬받고 내 것을 포기하고 더 큰 선의를 위해 참을 줄 알아야 한다는 이야기를 듣는다. 그래서 겉으로 좋아하는 티도, 싫어하는 티도 내지 않고 눈앞에 맛있는 음식이 유혹해도 점잖게 앉아 기다린다. 유명한 '마시멜로 실험'에서 보여주듯, 성공한 사람일수록 행복 지연 능력이 높았다는 결과가 이런 현상을 더 부추기진 않았을까.

우리는 정말 원하는 게 있을 때 어떤 대가를 치러야 할지 먼저 생각한다. 차를 사려면 용돈을 얼마나 줄여야 하는지, 여행을 가기 위해 마이너스 통장을 쓸 수 있을지, 부모님의 설득을 거절하고 내가 좋아하는 일을 하기 위해 갈등을 어디까지 감내해야 하는지를 고민한다. 하고 싶다고 무작정 시작하는 사람은 충동적인 사람, 어린이 같은 사람, 비성숙한 사람으로 여겨진다.

미래의 고통을 먼저 생각해 조금 더 현실적인 이익을 찾아가는 행동은 당연히 합리적이다. 문제는 그 대가 때문에 자연스러운 욕구를 스스로 포기하는 경우가 생긴다는 것이다. 마시멜로를 먹지 않고 참으면 두 배로 먹을 수 있다고 해도, 또 선택에 따른 결과를 충분히 알고 있음에도 가끔은 당장 먹고 싶을 때가 있다. 아이들은 그래서 떼를 쓴다. 지금 먹고 나중에 또 먹으려고.

이제 떼를 써야 할 대상이 바뀌었다. 어른은 점잖아야 한다고 강요하는 사회에게 원하는 일을 당장 하고 싶다고, 좋아하는 친구와 당장 사귀겠다고, 시도하고 싶은 건 지금 저지르겠다고 떼를 쓰고 싶다. 운이 좋다면 선뜻 원하는 걸 손에 얻게 될지도 모를 일이니까.

주말 오후 산책.

재즈 페스티벌의 한 풍경.

Tip

비전공자의 미술 포트폴리오 만들기

1. 공식은 없다, 시작하기도 전에 겁먹지 말자

노을을 바라보다 1년 전 이맘때가 떠올랐다. 회사를 그만두고 포트폴리오를 준비하며 불안한 마음을 꾹꾹 눌러가며 시간을 보냈던 날들이 스쳐 지나갔다. 일상을 스스로 바꾸려는 의지는 흘러가는 대로 살고자 하는 본성과 부딪히곤 했다. 아침마다 출근하는 사람들을 바라보며 지난 선택을 곱씹어봤다. 무언가 잘 안 된다고 느껴질 때는 우울감에 쉽게 미끄러지시곤 했다. 하지만 막상 캐나다에 와서 공부를 시작하고 새로운 정보를 접하니 포트폴리오를 더 즐겁게 만들 수 있는 방법이 있지 않았을까 싶다.

예술이 개인에게 주는 힘이 무엇일까. 그건 비교하지 않는 것, 경쟁하지 않는 것에서 시작된다고 생각한다. 하지만 한국에서는 경쟁하지 않고 개인이 만족하며 살 수 있는 길은 거의 없다. 결승선을 향해 계속 뛰는 달리기처럼 경쟁자를 제치고 1등이 되어야만 취업도 하고 성공도 할 수 있다. 미술도 마찬가지다. 예전에 혼자 드로잉을 끼적이던 시절, 미술을 전공하는 친구에게 어렵게 그림을 보여준 적이 있다. 그 친구는 아무 말도 하지 않고 그림을 배우고 싶으면 자신에게 배우라는 말을 했다. 나는 얼굴이 달아올라 얼른 스케치북을 가방에 넣었다.

그 후로 웬만하면 남에게 내 그림을 보여주지 않았다. 잘 그린 그림의 기준이 존재하고 나는 절대 그 기준에 다가갈 수 없다는 사실을 나는 그날 처음 알았다. 시간이 흐르고 캐나다로 떠나기 전 날 짐을 싸다가 그때 그렸던 그림을 발견했다. 선도 엉망이고 미숙하지만 분명 '내 그림' 같았다. 누군가에게 보여줘야 한다는 부담을 지우니 내 색깔이 분명했다.

미술을 한다고 꼭 연필을 들고 명암을 연습할 필요도 없고 화방의 모든 재료를 알 만큼 지식이 충분할 필요도 없다. 결국 먼 길을 돌아 내 삶을 살고 싶은 마음을 따라 캐나다의 작은 도시에 와보니, 그들은 모두 즐겁게 자신만의 예술을 하고 있었다. 완벽한 그림을 그리겠다는 목표를 갖기 전에 나에게 예술은 어떤 모습을 가지고 있는지를 파악하는 게 중요했다.

미술 포트폴리오는 왜 비전공자에게 어려울까. 한국 교육은 미술의 본래 목적과 상관없이, 시스템 내에서 훈련받은 학생들이 기술적인 면을 완벽하게 해내야만 창의성에 다가갈 자격을 얻을 수 있게 설계되어 있다. 어느 정도는 이해가 된다. 평가하고 평가받는 형식이 익숙한 사회에서 기술이 아닌 추상적인 창의력을 평가하기란 너무 어렵기 때문에 미술도 어떤 공식처럼 존재할 수밖에 없다.

앞으로 어떻게 살지 정하지 못한 학생에게 갑자기 너를 표현하라니. 세세한 가이드라인도 없고 개수와 데드라인만 딸랑 던져 놓은 포트폴리오 요강은 불친절하다. 어떻게든 여기서 공식을 찾아내야만 하는데 도무지 보이지 않으니 어렵다. 하지만 원래 미술이 그렇고 예술이 그런 것 아닐까. 누군가가 정해준 공식을 따라가면 당장은 편하겠지만 결국 언젠가 스스로 그 답을 찾아야 한다. 시작하기도 전에 겁먹지 말자.

나는 공립 컬리지에서 그래픽 디자인 전공을 하고 있고 미대의 'Extended Studies'에 올라온 수업을 골라 듣고 있다. 왜 미대의 파인아트 전공을 선택하지 않았는지는 간단하게 이렇게 얘기할 수 있다. 내가 살고 싶은 삶은 방학시간표를 스스로 짜는 것처럼 만들어야 한다고 생각했기 때문이다. 미대의 합격통지를 들고 몇 주간 고민하다 스스로 내린 결론이었다. 4년의 커리큘럼 중에 가장 하고 싶었던 게 모두 1학년인 파운데이션 코스에 있었다. 만지고 붙이고 해체하고 부딪히는 경험으로 가득 찬 1년이 너무 탐났다. 하지만 나는 학위를 위해 4년의 시간을 투자하기보다 하고 싶은 공부와 일을 병행할 수 있는 길을 택했다.

내가 듣는 디자인 전공도 물론 포트폴리오를 제출해야 했다. 이곳에서 수업을 들으며 가장 좋은 건 직접 손으로 만드는 작업을 중요하게 생각하고, 아이디어를 발전시키고 결과를 창출하는 과정을 강조한다는 점이다. 과제를 하다 머리가 아프면 유화 수업을 가고 레터프레싱 기술을 배우고 북 바인딩 수업에서 책을 만드는 일상이 내게 잘 맞다. 그리고 우연히 Extended Studies 목록에 포트폴리오 준비를 위한 온라인 강의가 있다는 걸 알게 되었다.

구글링을 해보면 'RISD Rhode Island School of Design'같이 유명 미대의 교수들이 운영하는 포트폴리오 첨삭 서비스를 찾을 수 있다. 혼자 준비하는 과정이 너무 어렵다면 가고 싶은 대학에 온라인 강의 목록을 살펴보는 것도 좋다. 지원하려는 대학에서 제공하지 않는 강의이더라도 어차피 포트폴리오는 대학과 상관없이 비슷하게 시작하기 때문에 어느 대학의 수업을 듣더라도 방향을 잡는 데 도움이 될 것이다. 비용도 한국에 있는 미술학원에 가는 것과 비교하면 훨씬 저렴하다.

미술이 모두에게 즐거운 놀이였으면 좋겠다. 포트폴리오를 준비하며 내가 좋아하는 놀이가 무엇인지 발견했다는 이야기를 듣고 싶다. 큰 결심을 하고 유학을 준비한다면 꼭 특정 대학을

목적으로 삼는 게 아니라 어떤 일상을 살고 싶은지를 먼저
고민하고 그에 맞는 나만의 길을 만들어갔으면 한다. 세상은
우리의 생각보다 더 다양한 삶으로 가득 차 있으니까.

2. 주제 잡기와 마인드맵 활용하기

● 주제는 가까이에 있다

포트폴리오 주제는 스스로 만드는 표시판과 같다. 어디서 어떻게
시작할지 몰라 헤맬 때 방향을 정해주고, 한참 시간이 흘러도
자신이 무엇을 하려고 했는지 알려주는 역할을 한다.

포트폴리오를 만들기 전까지 나는 한 번도 '무엇을 그려야
하는지' 고민한 적이 없었다. 입학요강에 따르면 강력하고 멋진
테마를 가지고 나만의 개성을 보여줘야 할 것 같은데 학교에서는
무엇이 주제이고 어떤 것이 좋은 주제인지는 알려주지 않았다.
학위 논문이나 글을 쓸 때는 중간에 잘못됐다 싶으면 처음으로
돌아가야 하니 주제를 정하기 전 출발선에 서서 오랫동안
고민하지만 그림의 주제는 조금 다르다. 소위 나쁜 주제더라도
일단 그려야 다른 주제로 넘어갈 수 있는 징검다리가 된다. 그림은

한 장만 남지만 덧칠하는 과정은 수십 번, 수백 번 반복된다. 한 장을 그릴 때 오만 가지 생각이 다 쏟아진다. 그 생각을 주워 담으면 주제가 단단해지고 지금 당장 필요하지 않은 아이디어도 언젠가 도움이 된다.

좋은 주제는 내 옆에 있다. 반면 나쁜 주제는 나와 아주 멀리 있다. 예를 들어 내가 남극에 한 번도 가본 적 없고 꿈에서도 본 적 없다면 남극이라는 주제는 나와 별로 맞지 않다. 차라리 '북극곰의 배고픔'이나 '온실효과'같이 한 번쯤 생각해봤을 문제가 낫다. 아니면 '남극' 하면 떠오르는 추위, 천국, 생존, 외로움, 생명 등이 더 가깝다.

주제와 나와의 거리는 지식의 정도보다 평소에 얼마나 관심이 있었는지에 따라 달라진다. 주제는 아침에 눈을 떠서 출근을 준비하고 지하철을 타고 회사에 도착해 일하다가 퇴근해서 밥 먹고 TV를 보다 잠드는 일상과 닿아 있다. 또 어린 시절 강하게 남은 추억, 어떤 음악을 들으면 떠오르는 한 장면, 누군가의 죽음, 가까운 사람의 고통을 생각했을 때 마음에 남는 감정과 관련이 있다.

소설 『한국이 싫어서』를 읽었을 때 한국의 이삼십대라면 누구나 공감할 만한 주제라는 생각이 들었다. 헬조선, 비정규직, 영어 공부, 취업, 이민 등 단어 뒤에 숨은 사연을 읽다 보면 '나도 그래' '맞아 그게 정말 힘들지' 하고 절로 고개가 끄덕여진다. 다양한 사회 문제 중 나에게 가장 가까운 소재는 무엇일까. 학생의 신분, 직장인의 정체성을 유지하기 위해 하루하루 견뎌야 했던 삶의 문제들을 끄집어내보자.

게임회사에서 일할 때 CS_{Customer Satisfaction} 부서에 잠시 머물렀다. 냉장고를 팔려면 냉장고를 알아야 하고 게임을 팔려면 게임을 알아야 한다는 부서장의 지시에 따라 일던 오긴 했는데 무슨 일을 해야 할지 몰랐다. 게임은 24시간 돌아가기 때문에 근무도 3교대로 돌아가고 어떤 사고가 터질지 몰라 긴장하다보니 다들 만성피로에 찌들어 있었다. 배치받기 전 한 달간의 근무가 끝나면 CS 개선 보고서를 제출하라는 지시를 받았다. 한 달 내내 무엇에 대해 쓸까 고민하다가 '고객 대응 매뉴얼 개선 방안'을 잔뜩 써서 발표했다.

팀장의 표정이 좋지 않았다. 시간이 갈수록 얼굴이 어두워졌다. 겨우 보고가 끝났을 때 침묵이 흘렀고 팀장은 실망한 목소리로 이렇게 말했다.
"같이 일한 직원들 얼굴 보면서 느끼는 거 없었어요? 왜 제일 많이 보고 느낀 내용이 아니라 엉뚱한 얘기만 잔뜩 써놨는지 모르겠네."

난 바로 옆에 존재하는 현실은 무시하고 그럴듯한 주제에만 관심을 가졌던 것이다. '차라리 밤늦게까지 근무하는 동안 다른 직원들과 이야기 나누며 알게 된 사내 소통 문제를 다룰걸……' 뒤늦은 후회가 들었다. 좋은 주제는 내 옆에 있다. 일할 때도, 포트폴리오를 만들 때도 마찬가지다.

◉ 진부한 주제란 없다

나는 첫 번째 주제를 '주름'으로 정했다. 내게 주름은 노화, 두려움, 죽음의 상징이었다. 굴곡진 표면은 거의 반사적인 거부감을 주었다. 어린 시절 내 볼에 닿았던 할머니의 깊은 볼이 떠오르기도 했다. 따뜻하게 나를 안아주시던 할머니는 내 손을 마지막으로 잡고 눈을 감으셨다. 손은 한없이 따뜻했지만 그 표면은 무엇보다 거칠었다. 다리미로 반듯하게 펴듯 세상 모든 물건의 주름을 펴면 두려움이 사라질까. 굴곡 없이 매끈한 사물에는 죽음이 없을까. 이런 상상이 내 주제의 시작이었다.

물론 같은 주제를 다른 시각으로 얼마든지 해석할 수 있다.

『디자인의 디자인』을 쓴 디자이너 하라 켄야는 디자인학과 4학년 학생들과 매년 새로운 테마로 연구를 한다. 2006년 주제가 '주름'이었다. 학생들이 낸 작품 중에는 우편함에 생긴 주름을 모은 작품, 매끈한 달걀 표면에 주름을 넣은 작업, 강과 도로를 나라의 주름으로 지도에 그린 작품 등이 있었다. 나는 주름에 개인적인 감정을 투영했지만 이들의 작품에서는 주름의 역할, 자연스러움, 관계를 다룬 시각이 느껴진다.

영국의 미술가 데미언 허스트의 작품은 '죽음'을 다룬다 포름알데히드 속 상어는 죽음에 대한 복합적인 감정을 느끼게 하고 다이아몬드로 뒤덮인 해골은 삶의 찬란함을 비웃는다. 데미언 허스트는 삶과 죽음이라는 보편적인 주제를 다루었지만 누구도 따라 하기 어려운 독특한 세계를 만들었다. 아무도 선택하지 않는 주제가 갖는 참신함도 물론 매력적이지만 누구나 공감하는 주제를 나만의 방식으로 새롭게 해석하는 것도 얼마든지 가능하다는 것이다.

◉ 붓 들기 전에 마인드맵을 그린다

비 오는 날 국립현대미술관에 들렀다가 우연히 안무가 이본느 라이너의 영상을 봤다. 춤을 대하는 진지한 자세, 나이가 들어도 줄지 않는 열정과 겸손함이 주요 주제였다. 난 그녀의 'Trio A' 안무에 꽂혔다. 기름기를 쏙 뺀 담백한 음식처럼 그녀의 춤은 보면 볼수록 빠져들었다. 집에 돌아와서 내 그림에 '춤'을 주제로 삼는다면 어떨까 고민했다. 움직임과 그림의 관계를 새롭게 만들어보고 싶다는 거창한 목표가 있었지만 욕심이 앞설 뿐 어디서 어떻게 시작해야 할지 막막했다. 무작정 영상을 반복해서 보며 내 맘대로 스케치를 시작했다. 새로운 생각이 잉크처럼 서서히 번졌다. 생각의 뿌리를 뻗어가는 일이 처음부터 쉽지는 않았다. 정해진 곳에만 고민 없이 뿌리를 내리는 가로수 같은 삶을 살다가 갑자기 자유로워지니 어디에 뿌리를 내려야 할지 몰랐다. 보잘것없는 생각이 부끄러웠고 그럴듯한 작품이 아니라 낙서만 하고 있는 내가 익숙하지 않았다.

그나마 덜 어색한 방법을 찾다가 마인드맵을 그리기 시작했다. 마인드맵은 회사에서도 자주 썼던 프로그램 이름이기도 했다. 회의시간에 마인드맵을 켜면 모든 아이디어가 대접받는 느낌이 들었다. 엉뚱한 이야기를 해도 괜찮았고 다른 사람의 아이디어를 마음껏 참고해 새로운 제안을 해볼 수도 있었다. 주로 기획단계에서 많이 사용하는 마인드맵을 사용해보니, 포트폴리오 주제를 발전시키는 데에 활용하기 좋았다.

포트폴리오를 만들 때 아이디어가 마구 쏟아져 주워 담을 시간도 부족하다면 참 좋겠지만, 흰 종이만 바라보고 멍 때리는 시간만 길어지기도 한다. 머리가 나빠 새로운 생각이 잘 떠오르지 않는다고 괴로워할 필요는 없다. 주제가 별로 와닿지 않아서 그럴 수 있고 단지 집중이 잘 안 되거나 시간이 조금 더 필요한 상황일 수도 있다. 아이디어는 낚시할 때 대어를 잡아 올리듯 갑자기 떠오르기보다 그물을 많이 쳐놓고 잡히는 생각 중 하나일 가능성이 높다. 이렇게 그물 치는 작업이 바로 마인드맵 그리기다. 처음에는 주제를 떠올렸을 때 반사적으로 떠오르는 개념부터 적어나가지만 점점 엉뚱한 생각이 잡히기 시작한다. 한 가지 이상적인 목표에 도달하기 위해 노력하는 게 아니라 '충분히' 했다는 느낌에 가까워질 때까지 만들면 된다.

나처럼 머리가 이미 굳어 기획서 쓰는 것도 버거운 직장인이라면 처음부터 완벽한 그림 한 점을 그리려고 붓을 들기 전에 마인드맵을 많이 만들어보는 게 자신을 덜 괴롭히는 방법이 되어줄 것이다. 해외 미술대학에서는 그림 실력도 물론 중요하지만 작가가 어떤 세계관을 가지고 예술에 다가가는지를 관심 있게 바라본다. 만약 지원하려고 하는 학교가 생각의 발전 과정을 보기 위해 스케치북을 제출하라고 했다면, 마인드맵이 제일 앞 장에 들어갈 가능성이 높다.

마인드맵 만들기는 어렵지 않다. 예를 들어 주제를
'아이스크림'으로 시작한다면 '녹는다' '여름 방학' '구멍가게'
'바닐라 맛' '똥 모양' 등 5개 이상 단어가 가지를 친다. 그 다음,
'녹는다'는 정의를 적어보고 떠오르는 이미지를 풀어쓴다.
'겨울왕국의 울라프' '북극곰이 빙하에 간신히 매달린 모습'
'마음이 스르르 녹는다' 등등…… 물론 이미지를 그려도 좋다.
종이 크기만큼 아이디어와 이미지를 채운다고 생각하면 되니
처음부터 큰 종이로 시작하면 공간을 마음껏 활용할 수 있다.
노트의 양쪽 면을 다 사용해서 지도가 이어지게 만들어도 된다.

문어발처럼 다양한 아이디어를 쏟아내려면 머릿속에 든
지식으로는 한계가 있기 때문에 마인드맵 단계부터 주제에 대한
자료 조사를 시작하면 된다. 예를 들어 내가 '춤'이라는 주제를
선택했을 때 첫 시작은 한 명의 아티스트와 한 종류의 춤이었지만,
춤을 출 때 쓰는 도구나 현대무용 종류, 춤을 둘러싼 사회 문제
등 호기심이 많아져 자연스럽게 자료 검색을 시작했다. 만약
학교에서 포트폴리오와 함께 주제 에세이를 제출하라고 한다면
자료 조사를 충실히 한 후 개인적인 견해를 덧붙이면 좋다.

3. 스케치북과 관찰 드로잉

스케치북은 쉽게 말해 스케치 모음집이다. 완성작으로 가기 위해 시도하는 자료 조사, 스케치, 실험, 시험작을 모두 포함한다. 예를 들어 '춤'이라는 주제로 3D 조각을 만들었다면 어떻게 춤에 관심을 가지게 됐는지 쓴 에세이, 문화적/사회적/역사적 배경에 대한 자료 조사, 2D 재료(연필, 펜, 물감 등) 스케치, 조각으로 발전시킨 컬러와 재료에 대한 다양한 실험 등을 모두 묶어 스케치북으로 만들 수 있다. 일반적으로 최종 작품 하나만 남고 과정은 고민의 흔적일 뿐이라고 생각해서 스케치북을 만들지 않는 경우도 있는데, 포트폴리오 제출 목록 중 스케치북이 있다면 따로 만들기보다 초반 구상 단계부터 신경 써서 만들어야 한다.

학생 입장에서는 완성 작품에 대해 자세한 설명을 남기는 것과 같아서 주제를 깊게 고민해보는 과정과 진지함, 창의성 등 개인의 특성까지 모두 보여줄 수 있는 좋은 기회다. 어떤 학교에서는 더 구체적인 방법을 제시하기도 하는데 이러한 과정을 통해 남들과 전혀 다른 나만의 개성이 담긴 재미있는 작품을 만들 수 있다. 그리고 이 과정은 생각보다 오래 걸린다.

스케치북은 한 권으로 모으는 게 더 보기 좋다. 사람마다 선호하는 종이 크기는 차이가 있지만 손바닥보다 조금 큰 노트를 가지고 다니면 언제 어디서든 그릴 수 있으니 부담이 덜하다. 물론 다양한 재질의 종이를 쓰고 싶거나 종이가 아닌 곳에 그림을 그린다면 큰 사이즈의 비닐 파일에 주제와 관련된 스케치를 모은다. 요즘엔 스케치북 원본을 학교에 보내기보다 사진을 찍어 웹사이트에 올리는 경우가 많기 때문에 노트의 크기나 종류는 별로 상관없다. 단, 본인 스스로 얼마나 과정이 진행됐는지를 보려면 틈틈이 사진을 찍어 모아두거나 한 가지 노트에 주로 사용하는 게 보기 편하다.

어쩌다 다른 사람의 스케치북을 보면 화려한 그림이 가득해서 신기했다. 나도 흰 종이에 연필만 사용하는 것은 의도적으로 피하려고 노력했지만, 어떤 재료가 좋을지는 확신하기 어려워 처음엔 흰 종이에 연필을 사용했다. 요리를 할 때 원재료의 특성을 파악해야 맛있는 요리를 할 수 있듯이 그림 재료도 많이 사용해봐야 내가 원하는 효과를 낼 수 있을지 알 수 있었다. 되도록 다양한 재료를 사용하려면 주변에서 찾기 쉬운 소재를 적어두고 사용할 때마다 체크 표시를 하는 것도 도움이 된다.

■ 예시

☑아크릴 ☐시멘트 ☐목탄 ☑점토 ☐옷감 ☑에세이 ☑필름
☐음식 ☐그래픽 디자인 ☐잉크
☑오일 파스텔 ☑연필 사진 ☑바느질 ☑돌 ☐비디오 ☐수채화
☐철사 ☐나무 ☑재활용품
☐프린트물 ☐시 쓰기 ☑자수 ☐일러스트 ☐뜨개질 ☐음각
☐금속세공 ☑플라스틱

뉴욕 브루클린에는 스케치북만 가득 꽂혀 있는 도서관이 있다. 'The Sketchbook Project'라 불리는 이곳에는 전 세계 135개국 이상의 36,073명의 아티스트가 만든 스케치북이 모여 있다. 스케치북을 어떻게 만드는지 궁금하거나 새로운 방식을 시도해보고 싶다면 이곳에 방문하면 좋을 것 같다. 뉴욕에 가기 어려운 사람은 웹페이지에서 18,466개의 스캔본을 주제별로 찾아볼 수 있다.(www.sketchbookproject.com) 또한 이 도서관은 스케치북 기부를 받는다. 다른 사람의 스케치북을 보고 영감을 받는 것도 좋지만 내가 다른 사람의 영감이 되는 것도 꽤 즐거운 일이다.

흰 도화지를 이젤에 걸어두고 무엇을 그릴까 고민하는 시간은 고통스럽다. 잡지나 책을 뒤적이며 영감을 받고자 노력해보지만

딱히 마음에 드는 페이지는 없고 결국 유명한 작가의 작품집을 뒤적이다 하나를 선택해서 따라 그리기 시작한다. 오랜 시간 공을 들여 비슷한 색감과 질감을 살려내면 뿌듯해진다. 이렇게 완성된 그림을 포트폴리오에 넣을 수 있을까?

답은 '아니오'다. 학교의 모집요강을 살펴보면 직접적으로 사진을 보고 똑같이 그리지 말라고 명시해놓기도 하고 간접적으로 관찰 드로잉을 이야기하기도 한다.

■ 예시

We are interested in seeing work that demonstrates your drawing ability, so please make sure that you include at least 5 drawings/paintings of still-life setups or the human body (drawn from life, not from photographic reference).
— IDEA school of design

사진과 최대한 비슷하게 그리려 노력하면 명암과 색을 만드는 법이 금방 익힐 수 있고 빨리 배운다는 생각이 든다. 하지만 아무리 자유롭게 그리려 노력해도 사진의 구도나 색감에서 벗어나기 어렵다. 마치 '코끼리를 생각하지 마'라는 말을 듣는 순간 코끼리만 생각나는 것과 비슷하다. 또 나만의 스타일로 빈

도화지를 채우는 능력을 키우기 어렵다. 예를 들어 누가 그려놓은 자전거 그림을 그대로 따라 하면 그럴듯한 그림을 그릴 수 있지만 실물 자전거를 앞에 두고 그리라고 하면 한 번에 마음에 드는 그림을 그리기 쉽지 않다. 몇 번의 시행착오와 재료에 대한 고민을 거쳐야 드디어 자전거의 어느 부분을 집중할지, 어떤 구도로 그려야 할지 생각하기 시작한다.

관찰 드로잉을 시작할 때 막막하다면 쉽게 접근할 수 있는 3가지 방법이 있다.

◉ 시작은 자화상

미술관에 갈 때마다 궁금했다. 왜 작가들은 자화상을 그릴까? 사진 기술이 없었던 시대야 그렇다 쳐도 왜 요즘에도 작가들은 자화상은 그리는지 의문이 들었다. 열심히 작업에 몰두하는 자신의 모습을 객관적으로 바라보고 싶은 걸까, 아니면 자신과 분리된 또 다른 나를 표현하고 싶은 걸까. 이유야 어찌 됐건 자신의 얼굴을 기록으로 남기고 싶은 욕망이 셀피(selfie)로 이어지며 온갖 종류의 앱이 범람하고 있는 시대에도 여전히 자화상은 매력적인 주제다.

친한 친구와 동료에게 그림을 선물한 적이 있다. 평소 같이 보낸 시간이 길어서 서로를 안다는 자신감에 상대방의 얼굴을 그려주었다. 난 잘 그렸다고 생각했지만 반응이 좋았던 적이 거의 없었다. 왜 마음에 들지 않는지 물어보면 예쁘게 그려주지 않았거나 특정 부분이 과장되었다는 불만 섞인 답변이 돌아왔다. 내 입장에서는 그 사람의 납작한 코를 좋아해서 코를 조금 크게 그렸는데 알고 보니 그게 그 사람의 콤플렉스였다면 그를 놀린 상황이 되어버리는 것이다.

반대로 자화상은 마음대로 그릴 수 있다. 움직이지 말라고 말하지 않아도 되고 아무리 오래 앉아 있어도 미안하지 않다. 세상에서 제일 못생기게 그려도 하하 웃으면 그뿐이다. 그리고 감정 표현을 마음껏 주문할 수 있다. '몇 년간 시험에 떨어졌을 때 표정을 지어봐' '간지러운데 긁지 못하는 안타까운 상황을 표현해봐' 같은 이상한 지시도 얼마든지 가능하다.

자화상을 그릴 때는 사진을 보고 그리기보다 조금 불편하더라도 큰 거울을 앞에 두고 그리는 게 생동감이 넘친다. 우리의 목표는 '사진처럼 똑같이 그리기'가 아니기 때문에 가장 나다운 표정과 자세가 무엇인지 고민하는 게 우선이다. 스스로를 주제로 삼아 계속 그려보는 것도 재미있다. 연필과 콩테 같은 재료는 표면의 질감과 깊이를 표현하기 적합하다. 색이 들어가면 감정 표현을 훨씬 풍부하게 할 수 있다.

자화상이라고 해서 똑바로 정면을 바라본 채 웃지 않는 표정을 그릴 필요는 없다. 증명사진을 찍는 자세로 얼굴 정면만 그리면 매우 잘 그리지 않는 이상 어색하고 서투르다. 뼈의 구조와 비례, 명암 연습이 충분하지 않은 상황에서 가장 경직된 표정에 도전했을 때 나는 처참한 기분이 들었다. 얼굴을 포함해 신체를 자연스럽게 그리기 위해서는 만화처럼 그리는 법을 머리에서 지워야 한다. 만화에서는 눈, 코, 입이 얼굴의 대부분을 차지하고 표정은 과장되게 표현된다. 하지만 얼굴을 부위별로 따로 그리면 자연스럽지 않기 때문에 일반적으로는 우선 전체적인 톤을 어둡게 깔아주는 방법을 사용한다. 눈을 그릴 때 눈동자와 흰자를 따로 그리지 않고 눈 자체가 움푹 들어갔다가 눈썹 근처에서 다시 올라오는 굴곡을 먼저 표현하는 식이다.

그런데 꼭 정석대로 자화상을 그릴 필요가 있을까.
'자화상'이라는 용어의 쓰임을 보면 단지 작가의 얼굴을 그린 그림만을 뜻하지 않는다. 뉴스에서 흔하게 볼 수 있는 '현대인의 자화상' '청춘의 자화상' '한국인의 자화상' 같은 제목은 현대인을 정의하고 청춘을 설명하고 한국인을 보여주고 있다. 즉 있는 그대로의 모습이 아닌 누군가의 시각에 투영된 현실을 가리킨다. 나를 표현하는 게 내 얼굴이 아니라 다른 무엇이라면, 다른 의미의 자화상을 그릴 수 있다.

● 사람을 보는 눈, 누드 크로키

움직이고 변화하는 자연물에 관심이 생긴다면 사람만큼 멋진 대상은 없다. 누드 크로키는 1분, 3분, 5분, 길게는 10분 정도 모델이 자세를 취하는 동안 빠르게 모델을 그려야 한다. 사람 몸은 원통, 정육면체 등 온갖 다양한 입체로 이루어져 있고 모델의 자세와 그리는 이의 보는 방향에 따라 다르게 보인다. 계속 연습하다 보면 조금씩 어디부터 시작해야 할지 알게 된다. 그리고 그때부터 관찰 드로잉 실력이 급속하게 향상된다.

빠르게 스케치하는 방법은 장단점을 가지고 있다. 짧은 시간 동안 대상을 이해해야 하기 때문에 종이보다 대상을 더 오래 바라보게 된다. 물론 짧은 시간 안에 그리다 보면 엉뚱하게 선을 긋기도 하고 의도한 대로 그리지 못하기도 한다. 망친 그림이 산처럼 쌓인다. 하지만 망친 그림에 대한 짧은 반성의 시간조차 허락되지 않는다면 어떨까? 다음 그림에 집중하게 된다. 1분의 시간은 빠르게 흐른다. 내 손이 어디까지 갔는지는 중요하지 않다. 그저 손이 종이 위를 잠시 스쳤다는 사실뿐. 모델이 포즈를 바꾸는 순간 나 역시 다음 장으로 넘어가야 한다. 30분 동안 30장의 그림이 쌓이고 나면 망쳐버린 흔적들 또한 과정으로 남는다. 완벽하지 않은 내 스킬은 결국 나만의 스타일을 만들어내고 그 과정을 조금씩 즐길 줄 알게 된다.

인터넷에 '누드 크로키'(캐나다에서는 life drawing이라고 부른다)를 검색하면 일반인도 얼마든지 참여 가능한 모임을 찾을 수 있다. 신체를 주로 그려야 하는 직업을 가진 만화가나 일러스트레이터가 많은 모임도 있고 미대 학생들이 주로 모이는 곳도 있다. 내가 갔던 모임에서는 서로의 그림을 공개하지 않았기 때문에 다른 사람의 그림을 볼 수 없었지만 이따금 곁눈질로 보면 대부분 비슷한 재료를 사용하고 있었다. 갱지에 4B연필로 그리는 사람은 매번 갱지에 4B연필만 사용한다. 수채화물감을 사용하는 사람도 매번 같은 붓, 같은 색으로 그린다. 하지만 이왕이면 다양한 재료를 실험해보면 어떨까? 모래 놀이를 하는 어린아이가 가끔 삽도 사용하고 물을 부어보면서 재밌어하듯 누드 크로키 시간을 재료 실험을 해볼 수 있는 기회로 활용해도 괜찮을 것이다. 매번 다른 색지나 다양한 질감의 종이를 준비하고 저렴한 아이용 크레용이나 종이를 돌돌 풀어 쓰는 색연필을 사는 재미도 쏠쏠하다. 비싼 수입 그림 도구를 쓴다고 더 좋은 그림을 그리는 게 아니기 때문에 자신에게 잘 맞는 재료와 도구를 발견하는 것에 목표를 두어도 좋을 것 같다.

내 경우 초반에는 붓펜을 사용하는 데 심취했다. 손가락의 힘에 따라 굵기와 끝의 방향이 바뀌는 것도 재밌었고, 흔들리듯 움직이는 인체를 표현하는 게 마치 만화가가 된 듯해 기분이 좋았다. 꾸준히 사용하는 도구는 단연 색연필이다. 그냥 연필은 별로 재미가 없고 자꾸 힘이 들어가서 간결한 인체의 선을 표현하기 좋지 않다는 생각이 들었다. 색연필은 색상에 담긴 감정과 선의 굵기가 주는 느낌이 매우 다양하다. 이는 선에서 면으로 넘어가는 좋은 다리가 되어주었다. 선을 자세히 그리지 않고 바로 넓적한 등을 묘사한다든지 허벅지의 넓은 부분을 빠르게 채우기 좋은 재료는 파스텔이다. 물론 채우는 느낌이 좋은 목탄과 콩테도 있지만 파스텔이 터치 몇 번으로 인체의 굴곡을 표현해낼 때는 무척 짜릿하다.

우리 몸이 복잡하고 다양한 모양을 만들어낼 수 있는 건 눈에 보이지 않는 뼈와 근육의 모양과 위치 때문이다. 나는 보이는 대로 그리는 연습만 하다가 더 정확한 표현을 하고 싶은 욕심에 난생처음 해부학 책을 보기 시작했다. 확실히 조금이라도 근육이 붙어 있는 위치와 뼈의 구조를 읽어보고 크로키를 하면 어색한 비율 때문에 그리기 어려웠던 상황에 도움이 된다. 눈에 보이지 않는 부분까지 그릴 수 있으면 더 오랫동안 관찰 드로잉을 할 때 정확한 표현을 할 수 있다. 빨리 그리는 게 익숙해지면 인체의 한 부분씩 자세히 그려보는 연습을 할 수 있다. 손과 발은 다양한 감정 표현이 가능하다. 지나가는 사람이나 일반인 모델을 그릴 경우에도 노출된 손과 발을 자세히 그렸을 때 더 완성도가 높아진다.

● 오래 그리는 정물화

누드 크로키가 빠르게 그리는 스케치라면 정물화는 진득하게 앉아 오래 그려야 하는 그림이다. 색감과 느낌을 그대로 표현하기 때문에 처음에 어떤 사물을 골라 어떻게 배치할지 고민해야 한다. 집에서 자주 쓰는 도구나 장식품 중에 재미있게 생긴 것을 유리잔, 거울같이 반사되는 물건 앞에 두고 그려보면 어떤 느낌일까. 전통적인 정물화에서 자주 쓰는 화초, 과일, 고기, 책, 식탁보의 구도를 보고 따라 그려보고 물건을 바꿔가며 그리기 좋은 구도를 찾아보는 것도 재미있다.

어린 시절 처음 미술학원에 갔을 때 명암을 배우고 나자 선생님이 사과를 하나 주면서 되도록 많이 그려오라는 숙제를 내줬다. 끝은 빨갛게 익고 위는 노란 평범한 사과였다. 학원에서 배웠던 대로 이젤 앞에 앉아 사과 모양을 연필로 따라 그리고 수채화 물감을 짜서 빨간색, 노란색, 주황색을 섞으며 실제 사과와 비슷한 색을 만들었다. 사과 표면의 작은 씨 같은 점을 그릴까 말까 고민하다가 점을 찍으니 딸기가 됐다. 어차피 또 그리면 된다고 생각해 깔끔하게 포기하고 스케치북을 넘겼다. 다시 비슷한 원을 그리고 색을 칠하고 다시 원을 그리고 색을 칠하고……

계속 같은 것을 그리니 지겨워서 딴짓을 하다가 무의식적으로 사과를 한 입 베어 물었다. 깜짝 놀라서 빨리 뱉었지만 선생님에게 혼날 생각을 하니 무서웠다. 어쩔 수 없이 한 입 베어진 사과를 그리기 시작했다. 노란 속살이 점점 갈색으로 변하면서 어두워졌다. 한번 만들어놓은 색을 다시 쓸 수 없게 됐고 사과 그림은 점점 칙칙해졌다. 결국 포기하고 사과를 몽땅 먹었다.

이제와 돌이켜보면 사과를 그려오라는 숙제를 받았을 때 아예 몽땅 먹고 씨만 남은 사과를 그려봤다면 어땠을까 하고 아쉬움이 남는다. 세잔의 그림 〈사과와 오렌지〉의 매끈하고 빨간 사과를 감상할 때보다는 시들고 어딘가 문제가 있는 사과를 볼 때 더 애착이 간다. 과일은 풍요로움의 산물이지만 결국 썩어 비료가 될 운명이기도 하다. 멀쩡한 캔도 찌그러뜨리고, 일부러 쓰레기통을 뒤져 꾸깃꾸깃한 광고 전단을 펴고, 생생함과는 거리가 먼

고수잎을 찾아 그리게 된 것도 시들고 상처받은 것들에 연민이 생겼기 때문이다. 상해서 물러진 사과는 더 이상 원이 아니고 찌그러진 캔은 더 이상 원통형이 아니다. 원래의 형태를 잃은 사물을 그릴 때 자연스럽게 관찰 드로잉을 접할 수 있었다.

4. 혼자 기획하는 프로젝트

● 혼자 봐도 좋다, 프로젝트 기획서 써보기

회사를 나올 때 사직서를 '퇴사 기획서'처럼 써보면 어떠냐고 누군가 우스갯소리로 얘기했다. 문서 작성은 직장인에게 커피와 도넛처럼 서로 떼어놓을 수 없는 존재다. 자주 쓰는 만큼 쓰는 법을 미리 배웠다면 좋았겠지만 첫 직장에서 만든 문서는 무슨 말인지 모르겠다는 피드백을 달고 다시 나에게 돌아오곤 했다. 드라마 〈미생〉의 장그래가 '모르니까 가르쳐주실 수 있잖아요' 외치듯, 나도 상사 앞에서 잔뜩 움츠러든 채 기획서의 기본을 배웠다. 회사마다 다르겠지만 기획서에는 기본적으로 이런 항목이 들어가야 한다.

프로젝트명

목적

기간

장소

대상

세부계획

예산

기대효과(매출)

예를 들어 신입사원이 음식점에서 어린이날 방문 고객을 대상으로 한 이벤트 아이디어를 떠올렸다면 대충 이런 골격을 가진 기획서가 나온다.

- 프로젝트명: "즐거운 어린이날 함께 놀아요!"
- 목적: 가족 단위 고객이 함께 즐길 수 있는 놀이 공간 제공
- 기간: 2017. 05. 04~05 (2일)
- 장소: 매장 내
- 대상: 방문 고객 전체, 헬륨 풍선은 13세 이하 어린이만 해당
- 세부계획:
1. 미끄럼틀 2종 대여 및 헬륨 풍선 구입
2. 행사 기간 오전/오후로 나누어 미끄럼틀 운영, 진행요원

배치

3. 퇴장 시 고객 만족도 조사
• 예산: 미끄럼틀 2종 20만 원, 헬륨 풍선 100개 10만 원, 인건비 10만 원
• 기대효과(매출):
— 회사의 인지도 및 친밀도 증가
— 설문조사로 고객정보 수집
— 추가 음료 및 디저트 매출 증가

딱딱하지만 누가 읽어도 이해할 수 있는 수준의 문서를 제출하고 결재가 완료되면 신입사원은 신나게 행사를 진행할 수 있다. 일이 끝날 때까지 이 문서를 다시 볼 기회는 없겠지만 결과보고서를 만들거나 그동안 무슨 일을 했는지 알고 싶으면 기획서를 찾아보게 된다. 만약 회사에서 이런 문서는 쓰지 않아도 되니 하고 싶은 대로 하라고 한다면 어떻게 될까? 아마 『회사를 1년 안에 문 닫게 하는 법』이라는 책을 쓴다면 제일 처음 나올 예시가 될 만큼 엉망이 될지도 모르겠다. 물론 지나치게 형식을 강조하는 것은 지양해야 하겠지만, 기본적인 양식을 가진 기획서를 작성하는 것은 업무를 원활하게 돕는다는 뜻이다.

포트폴리오에 기획서가 들어간다면 어떨까? 대형 작품을 만들거나 유명한 사람들과 작업하는 게 아니더라도 개인적인

의미가 담긴 프로젝트를 진행해보고 과정을 스케치와 작품으로 만들 수 있다.

'사람-나-기억'이라는 주제로 어린 시절부터 지금까지 나에게 중요했던 순간을 다루는 프로젝트를 혼자 기획하고 진행한 적이 있다. 버려진 상자를 이용해 6면에 나를 둘러싼 기억을 그렸다. 상자 안은 드로잉한 종이를 배로 접어 가득 채웠다. 완성 후에 종이배는 모두 태워 날려보내고 상자는 모두 분해해서 각각 다른 장소에서 보관했다. 작업을 시작하기 전, 다음과 같이 기획서를 작성했다.

프로젝트명: 사람-나-기억

목적: 사람과 기억 사이 나의 존재를 새롭게 찾아보자

기간: 1987~1995년

장소: 광주광역시

대상: 내 기억

세부계획: (단계별로 진행한다)

 1. 버려진 상자를 찾는다.

 2. 6개의 기억을 적는다.

 3. 스케치를 하고 상자의 6개 면에 그린다.

 4. 드로잉을 모은다.

5. 4번으로 종이배를 접는다.

6. 산에 오른다.

7. 상자에 5번을 가득 채운다.

8. 모두 분해한다.

9. 종이배를 태운다.

10. 재는 땅속에 묻고 6개의 그림은 각기 다른 장소에 보관한다.

예산: 왕복 기차표

기대효과:

— 어린 시절을 하늘과 땅으로 보낸다.

— 나를 막고 있던 벽을 허문다.

● 여러모로 좋은 경험이 되는 공모전

미술 유학을 가고 싶다고 꼭 순수미술 전공을 하라는 법은 없다. 파운데이션 과정이 없는 학교라면, 디자인, 패션, 조형, 필름, 사진, 섬유 등 수많은 전공 중 하나를 선택해서 지원해야 하는데, 포트폴리오에 전공과 관련된 작업을 포함시켜야 하는지 여부는 학교마다 다를 것이다. 가장 확실한 방법은 포트폴리오 제출 가이드라인을 다시 읽어보고 학교에 직접 물어보는 것.

만약 전공과 관련된 작품이 필요하다면 공모전을 활용하는 것도 좋다. 일반적으로 공모전은 학생들이 응모하는 경우가 많아서 유학을 가고 싶은 사람이 해볼 필요가 있을까 싶지만 그 과정에서 배우는 게 있다. 왜 회사에서는 디자인팀에 업무를 주는 대신 외부인을 대상으로 공모전을 할까? 회사는 공모전을 홍보 수단으로 활용한다. 고객이 적극적으로 참여하게 만들고 홍보 효과를 누릴 수 있다. 그래서 공모전은 주제가 분명하고 '창사 10주년 기념' 같은 특정 행사를 기념해 열리는 경우가 많다. 이중 포스터나 로고, 라벨 디자인 공모전에 참여하면 자연스럽게 프로그램을 익히고 프로세스도 경험해볼 수 있다.

디자인 공모전이라 해서 무조건 예쁘고 공들여 잘 만든 디자인에 점수를 후하게 주지 않는다. 물론 엉망으로 만든 디자인을 뽑지는 않겠지만 공모전 담당자의 입장에서는 상사를 설득할 수 있는 디자인을 우선 고려하게 되니 디자인에 근거가 있어야 한다. 회사에서 마케팅 기획안을 내거나 이벤트 시행을 보고할 때와 비슷하다. 예를 들어 라벨 디자인 공모전에서 그 회사의 로고 색상이 파란색이기 때문에 파란색을 테마색으로 잡았는지, '창사 10주년 기념'이 가장 중요한 이슈이기에 '10주년'이라는 단어가 크게 적절한 위치에 배치되었는지 등이 선정의 근거가 될 수 있다. 과거에 이미 만들었던 라벨을 기준으로 더 나은 디자인을 제시해야 할 수도 있다. 하지만 공모전의 요구사항에는 모든 근거를 적어놓지 않기 때문에 지원자가 알아서 자료 조사를 거쳐 디자인을 해야 한다. 공모전에 참여하는 것으로 그러한 조사 과정까지도 배울 수 있는 셈이다.

공모전은 디자인뿐 아니라 영상, 사진, 웹툰, BI Brand Identity 등 다양한 분야에서 열린다. 한 번쯤 참여해봄으로써 해당 물품을 상품으로 받거나 내가 만든 디자인이 상품으로 나온다면 충분히 기분 좋은 경험이 되지 않을까.

5. 평가하기 기록하기 보여주기

● 내 작업을 스스로 평가하는 일

자신의 그림을 직접 고르는 것에도 연습이 필요하다. 마감일을 2주 정도 남기고 지난 1년간 그린 그림을 모두 모았다. 평소에 꼼꼼하게 챙기는 성격이 아니라 주제별로 그림을 정리하는 데에도 꽤 시간이 걸렸다. 개수를 세어보니 크로키를 제외하고 100개가 넘었다. 완성도가 너무 떨어지는 작업은 제외하고 흐지부지된 조각 작품도 제외하니 반 이상이 줄었다. 이 정도면 괜찮겠다 싶은 작품은 열 손가락 안에 들었다.

포트폴리오는 15~20개 작품을 한꺼번에 제출하면서 각 작품의 제목, 날짜, 소재 등을 포함한 목록을 함께 첨부한다. 제목을 고민하다 보면 다시 주제로 돌아간다. 무슨 이야기를 담고 싶었고 나의 어떤 면을 보여주고 싶었는지를 제목에 잘 담아야 한다. 설명을 붙일 수 있다면 더 좋겠지만 작품만으로 학교에 좋은 인상을 주는 게 목적이다. 개별 작품의 특징은 물론 전반적인 완성도를 보기 위해 포트폴리오 전체를 생각해야 한다. 아직은 부족하지만 일단 작품을 30개 정도 골라 놓고 내가 만약 전시 기획자라면 이 전시의 제목을 어떻게 붙일지 고민해봤다.

포트폴리오는 결국 '나'라는 사람을 다양하게 보여주는 방법이다. 작품의 중심에 내가 있어야 한다. 유명한 작가를 따라 하거나 잘 그린 그림을 흉내 낼 필요가 없다. 나를 보여주기 위해 얼마나 노력했는지 개관적으로 평가해보자. 일단 작품의 완성도를 서로 비슷하게 맞춰야 한다. 또 여백이 너무 많으면 덜 그렸다는 느낌을 줄 수 있으니 의도적으로 공간을 비웠다면 흰색이라도 칠해야 한다. 명암 대비가 확실하지 않거나 색이 뭉개진 부분은 더 채워 넣고 미완성작에서 벗어나야 한다.

나를 보여주는 전시를 스스로 기획한다면 한 가지 소재에 집중하기보다 다양한 관심사를 보여주는 게 낫다. 아무리 자신

있어도 목탄 드로잉만 20장 있는 포트폴리오는 학교 입학에 적합하지 않다. 어떤 학교에서는 아예 '3가지 이상 다른 재료를 사용하세요'라든지 '3D 작품을 반드시 포함시키세요' 등 구체적인 지시사항을 주기도 한다. 학생의 잠재력을 다양한 관심사와 함께 평가하는 것이다.

작품을 끝까지 완성했는지 스스로 평가하기 위해 체크리스트를 만들어봤다.

---

1. 재료와 주제를 골고루 구성했으며 완성도가 비슷하다.
(예: 수채화 정물화 2개, 연필 누드 크로키 2개, 목탄 자화상 1개, 펜 여행 드로잉 2개, 3D 프로젝트물 2개 등)
2. 학교에서 요구하는 스킬을 충분히 보여준다. (관찰 드로잉, 컬러 이론, 구성 능력, 2D와 3D, 학문적 글쓰기 능력 등)
3. 한 가지 대상을 여러 번 그려본 후 선택한다.
4. 이 작품이 왜 포함되어야 하는지 이유가 있다.

작품을 고를 때 다른 사람의 평가를 듣는 것도 좋은 방법이다. 대부분 학교는 매년 10월에서 1월 사이에 '포트폴리오 데이' 행사를 열어 학생들의 포트폴리오를 평가하고 보충해야 할 내용을 알려준다. 평소에는 취미 미술학원의 선생님에게 작업을

보여주거나 주변에 미대 졸업생이 있다면 그에게 작업을
보여주고 의견을 물어볼 수 있다. 다른 작가의 작품을 많이 보고
책을 읽는 것도 큰 도움이 된다. 전공자가 아닌 이상 어느 시점에
작업을 완성했다고 볼 수 있는지 판단하기 어렵기에 다른 작품을
참고하는 것이다. 물론 이상적으로는 적절한 시점을 알기 위해
많이 그리고 때로 적당한 수준을 넘어가는 그림을 그려봐야 한다.

◉ 마지막 붓질이 끝나면 무엇을 해야 할까?

완성한 그림과 스케치 노트를 방 한쪽 구석에 쌓아두었다가
먼지가 쌓이고 색이 변하기 시작하는 것을 발견했다. 급하게 A3
크기 이하의 그림은 비닐 파일에 넣었고 캔버스에 그린 그림은
벽에 걸거나 액자에 넣었다. 그림이 완성되면 손상을 막으려고
노력하는 것도 중요하지만 완성되었을 때 사진을 찍어두는
습관을 갖는 게 좋다. 수정이 진행되는 중간에 사진을 찍고
변화 과정을 보는 것도 필요하지만 완성된 그림을 실물과 가장
비슷하게 찍어두는 것도 중요하다.

학교에서는 작품의 원본을 보내지 말라고 이야기하기 때문에
사진으로 원본의 느낌을 잘 담아야 한다. 아마 자기 그림을
카메라로 찍어본 사람이라면 느끼겠지만 바로 앞에서 생생하게

눈으로 보는 만큼 사진에 담아내기는 어렵다. 그렇기에 더욱 사진을 찍고 보정하는 과정이 부담이 될 수 있다. 그렇다고 무조건 전문 업체에 포트폴리오 촬영을 맡기거나 포토샵 작업에 열을 올려야 한다는 의미는 아니다. 나도 오랜 고민 끝에 몇 가지 주의 사항만 지키면 혼자 작품 사진을 찍는 것이 충분히 가능하다는 결론을 내렸다.

여행 사진이나 음식 사진 등은 휴대폰 카메라로도 충분하다. 요즘은 스마트폰 사진 보정 앱으로도 충분히 세밀한 작업을 할 수 있다. 하지만 스마트폰으로 그림 사진을 찍으면 확대했을 때 깨지는 경우가 발생하고, 작품이 아주 크거나 매우 작거나 세부 표현이 복잡할 때는 부분적으로 뭉개져 보인다.

이번 기회에 DSLR을 장만하고 친해지기로 결심했다. 물론 작품 사진을 주로 찍는 사진가가 기술적으로는 나보다 나을 것이다. 하지만 나는 작품을 만든 사람이 직접 사진을 찍는 게 훨씬 좋다고 생각했다. 겉으로는 뚜렷한 차이가 없다고 해도 작가는 무의식적으로 이 그림의 어떤 느낌을 더 담았으면 좋겠다는 생각을 가지고 사진을 찍기 때문이다. 비단 입학 포트폴리오뿐 아니라 앞으로도 계속 내가 만든 창작물은 모두 내 손으로 찍기를 바랐기에 카메라를 사서 직접 작품 사진을 찍었다.

꼭 비싼 DSLR이 아니더라도 적당한 보급형을 추천받아 구입해도 괜찮다. 무엇보다 자신의 카메라로 작품을 많이 찍어보고 익숙해지면 된다. 여러 가지 환경에 두고 작품을 촬영해보는 것이다. 또한 인물사진을 찍고 보정을 많이 하면 얼굴이 어딘가 어색해 보이듯, 그림도 후보정에 너무 의존해서는 안 된다. 처음 찍을 때부터 작품의 특징이 잘 드러나게끔 찍어야 하고 작품에 적용할 후보정의 수준도 스스로 인식하고 있어야 한다.

사진관에서 여권용이나 반명함판 사진을 찍을 때는 그림자가 생기지 않게 양쪽에서 조명을 강하게 비춘다. 그 원칙은 어딜 가나 똑같다. 그림도 처음에 찍다 보면 그림자 때문에 애를 먹는다. 조각이라든지 볼륨이 있는 작품의 경우는 촬영하기가 더 어려운데, 그림자가 필요한 경우 본인이 원하는 방향으로 어두워질 수 있게 빛의 위치를 조정해야 한다.

그림자 문제를 가장 간단히 해결하려면 스트로보, 소프트박스가 포함된 조명 세트를 구매하면 된다. 최근에는 저렴한 상품도 많아져서 20만 원 안팎이면 살 수 있다. 하지만 나는 조명 세트가 차지하는 큰 부피가 걱정이 됐다. 창고에 두고 쓰지 않는 이상 보관하는 게 쉽지 않을 것이었다. 그래서 그림자가 많이 지지 않는 시간을 골라 집에 있는 스탠드 조명을 작품 양쪽에 세우고 전구만 갈아서 사진을 찍었다. 또, 그림을 밖으로 가지고 나가 해를 정면으로 바라보는 위치에서 사진을 찍어보기도 했다. 배경지도 따로 구매하지 않고 전지 크기의 머메이드지 2종(화이트, 블랙)을 번갈아 깔고 그 위에 그림이나 3D 작업물을 놓고 찍었다.

야외에서 찍는 사진은 아예 배경에 자연물이 노출된 경우에만 더 좋았고, 평면적인 그림은 실내에서 최대한 조명을 많이 주며 찍은 경우에 제일 마음에 드는 결과가 나왔다. 어떤 조명과 배경이 그림과 어울리는지는 최대한 다양한 시도를 해보면 알 수 있다. 최상의 작품 사진을 건지려면 한꺼번에 작품을 모아 사진을 찍지 않고 그림을 완성할 때마다 바로 사진을 찍어두는 편이 좋다. 포트폴리오 마감일에 한꺼번에 촬영하려면 허둥지둥 대충 사진을 찍게 된다.

포토샵은 기본적인 보정에만 활용했다. 조금 더 대비를 주고 색을 조정하면 멋져 보일 수도 있다는 유혹이 있기도 했지만, 그 유혹에 넘어가지 않으려 애썼다. 최대한 눈으로 보는 색에 가깝게 표현하고 밝기를 조정했다. 만약 보정을 많이 거친 그림이 훨씬 보기 좋다면 그건 그림이 아직 완성되지 않는 것이라 생각하기로 했다. 포토샵으로 수정할 때는 학교에서 제시하는 이미지의 최대

크기와 형식을 미리 확인하고 작업하는 게 좋다. 어떤 학교는 용량 제한을 꽤 낮게 정해두어서 마지막에 다시 이미지 크기를 수정해야 했다.

● 동영상, 홈페이지, 에세이…… 결국 나의 이야기

포트폴리오 최종 파일을 제출할 때는 대부분의 경우 학교 홈페이지에 회원가입을 하면 개인 계정에 파일을 올릴 수 있는 페이지가 열린다. 파일 형식과 크기는 마지막에 한 번 더 확인하고 업로드해야 한다. 동영상의 경우에만 유튜브나 vimeo의 링크를 올릴 수 있다.

개인 웹사이트 주소를 올려도 되는 경우라면 자신에 대해 훨씬 많은 것을 보여줄 수 있다. 일단 작품 수를 제한 없이 올릴 수 있고, 완성작에 대한 에세이나 스케치북도 자유로운 형식으로 보여줄 수 있다. 그리고 웹사이트를 구상하는 과정에서 작품을 분류하고 선별해야 하니 자연스럽게 자기 작품을 검토할 수 있는 기회로 삼을 수 있다.

홈페이지를 만드는 방법은 여러 가지가 있지만 입학 포트폴리오를 위한 사이트를 만들어야 한다면 wix, weebly, creatorlink 같은 무료 툴을 추천한다. 물론 html&css와 자바스크립트 같은 언어를 활용해서 처음부터 만들어도 되지만, 홈페이지 제작 툴을 사용하면 시간도 절약하고 내부 콘텐츠에 더 집중할 수 있다. 만약 지원하는 학교들이 모두 웹사이트의 링크를 거는 것을 거절한다면 링크가 허용된 동영상을 적극 활용해보는 것은 어떨까? 자잘하게 그린 드로잉이나 멋진 누드 크로키가 쌓여 있는데 작품 수 제한 때문에 포트폴리오에 포함시키지 못할 바엔 동영상 한 편에 모두 담아버리는 게 나을지 모른다.

"당신에게 미술(예술)은 어떤 의미인가요?"
포트폴리오가 완성되면 이 질문에 답하는 에세이가 남는다. 분량은 한 장 이내로 짧지만 질문이 어렵다. 포트폴리오라는 여행을 끝내는 소감을 묻는 것 같기도 하고 이제부터 시작이니 단단히 각오하라는 경고처럼 들리기도 한다. 입학 서류 목록을 살펴보면 학교 성적과 졸업증명서는 필수이지만 경력증명서는 제출하지 않는다. 에세이가 거의 유일하게 이전 직업과 경력, 왜 이 길을 선택했는지에 대한 이야기를 보여줄 수 있는 통로인 셈이다.

첫 포트폴리오 여행을 끝냈을 때 마음은 처음과 많이 달라졌다. 몇 달의 시간이 흘렀고 잘 그렸는지는 모르겠지만 어쨌든 내 그림이 많이 생겼다. 지금껏 한 번도 해보지 않은 방식으로 주제를 먼저 고민하고 스케치북을 만들고 작품 사진도 찍었다. 예술을 해보고 싶은 마음이 처음과 어떻게 달라졌을까? 스스로 길을 찾으면서 내가 어떤 사람인지 알게 되었다. 자기만의 정신세계에 빠져 있는 시간을 보낸 것 같지만, 사실 평소보다 훨씬 많은 관계를 들춰보고 함께 살아가는 법을 고민했다. 그림을 그릴수록 부족한 점이 눈에 들어왔고 더 배우고 싶은 욕망이 강해졌다. 아무것도 모를 때는 무시하며 살았던 나 자신을 조금 이해할 수 있었다.

에세이는 포트폴리오와 마찬가지로 '나'의 이야기다. 학교에서는 어떤 것을 배웠고 회사에서 어떤 일을 했으며 어떤 역할을 했는지 미술이나 전공과 관련된 이야기로 풀어내면 된다. 내 이야기는 다음과 같이 정리했다.

Intro 내가 하고 싶은 공부와 과거 전공, 경력사항 요약
Body1 대학 수업과 회사 업무에서 이 전공에 관심을 갖게 된 계기
Body2 구체적인 예시
Body3 앞으로 공부하고 싶은 분야
Conclusion 지원하는 학교가 특히 마음에 드는 이유

6. 교수에게 물었습니다: 잘 만든 포트폴리오란?

한국에 머물면서 포트폴리오를 준비하다 보면 아무래도 학교와 의사소통에서 아쉬운 부분이 생긴다. 물론 대부분 학교는 외부에 문을 활짝 열어두고 있으니 불쑥 이메일을 보내서 면담이나 수업 참관을 요청할 수 있지만, 그건 어디까지나 현지에 살고 있을 때만 가능한 이야기다. 유학을 준비하는 입장에서는 홈페이지에 나오는 정보와 몇 번 주고받은 이메일 내용으로 앞으로의 몇 년을 설정해야 하니 마음이 복잡할 수밖에. 지원하기 전에 학교에 미리 가서 면담을 받는 게 가장 좋지만 현실적으로 어려울 경우 이메일로 최대한 구체적인 질문을 해보거나 졸업생과 대화를 나눠보는 것을 추천한다.

만약 누군가 나에게 와서 우리 학교의 프로그램에 대해 묻는다면 무슨 얘기를 해줄 수 있을까 고민해봤는데, 내 개인적인 경험도 좋지만 가르치는 사람의 입장도 고려하면 어떨까 싶었다. 그래서 누구나 궁금해할 만한 질문을 들고 사무실을 찾아갔다.

크리스탈Crystal은 평소에는 농담을 즐기며 자주 웃지만 학생이 수업시간에 늦으면 정색하고 소리 지르는 무서운 선생님이다. 페이스북에 항상 멋진 일러스트를 올리는 랍Rob은 인생이 유머로 가득 차 있는데 내가 영어 농담을 잘 알아듣지 못해서 매번 아쉽다.(내가 다니는 학교에서는 가르치는 사람을 faculty member, instructor로 통칭하고 보통 이름을 부르니 정확히 말하면 professor는 아니다.) 두 사람 모두 경험이 많고 항상 친절하며 학생들과 친구처럼 지낸다. 그래서 갑자기 '널 인터뷰하겠어'라고 녹음기를 꺼내든 내게도 '얼마든지'라고 답하며 여유 있게 웃어 보였다. 그들과 나눈 대화를 질문을 중심으로 정리했다.

> Q. 학교에서 디자인을 가르친 지 얼마나 됐나?

크리스탈(이하 C) 올해까지 19년. 그전엔 10년 동안 디자이너로 일했다.

랍(이하 R) 18년 됐다. 그전엔 5년 정도 회사에 다녔고 프리랜서 디자이너로 지금까지 일하고 있다. 아트 디렉팅과 학교에서 가르치는 일은 신기하게 닮아 있다. 아트 디렉팅은 보통 젊은 디자이너와 함께 팀을 만들어서 프로젝트를 하는데 학교에서도 프로젝트 중심으로 가르치기 때문에 비슷한 면이 많다.

> Q. 한국에서는 해외 미대에 입학하기 위한 포트폴리오 학원이 따로 있다. 캐나다 학생들은 보통 어떻게 준비하나? 비전공자가 포트폴리오를 혼자 준비하는 게 가능할까?

C 고등학교에서 바로 오는 경우는 보통 1년짜리 파운데이션 코스를 들으며 포트폴리오를 준비한다. 포트폴리오가 별로인 경우에도 그 코스를 먼저 들으라고 추천해준다. 나이가 좀 있거나 사회 경험이 있는 경우는 어떻게 준비해야 할지 스스로 고민할 수 있다. 인터넷에 자료도 검색해보고 잘 만든 작품도 알아서 찾아본다. 그래서 나는 충분히 혼자 준비할 수 있다고 생각한다. 그리고 슬쩍 누군가 찾아와서 혼자 포트폴리오를 만들고 있는데 한번 봐달라고 하면 기꺼이 봐준다. 생각보다 주변에 도움을 줄 사람은 많다.

R 1990년대에 내가 미대에 입학할 당시에는 아무런 도움을 받을 수 없었다. 대신 학교에서 수업을 미리 들었다. 최근에는 여러 학교에서 파운데이션 코스를 열어둔 경우가 많다. 아무것도 모르는 경우 학교를 1년 다니면서 준비할 수 있다. 요즘 학생들은 나에게 미리 연락하고 찾아오는 경우도 있다. 그럴 경우 무엇을 더 보충해야 하는지 자세히 알려주는 편이다. 비전공자라고 해서 더 불리하다고 생각하지 않는다. 자신의 관심사와 능력을 다양한 방법으로 보여주면 된다.

Q. 아시아 학생들이 현지 학생들과 크게 다른 점이 있나?

C 아시아도 여러 나라에서 오니 다 다르지 않나. 사람마다 다르긴 하지만 공통적으로 예의 바르고 항상 열심히 한다. 포트폴리오는 학생 신상 정보가 가려진 채로 채점을 해야 하기 때문에 어느 나라 학생인지 알 수는 없다.

R 아시아 학생들은 이미 굉장한 스킬을 가지고 입학하는 경우가 많다. 그런 학생들을 볼 때마다 놀라곤 한다. 혹시 다른 미술학교를 이미 다닌 게 아닌지 궁금할 정도다.

> Q. 포트폴리오가 왜 중요한가? 최근에 토론토의 한 대학에서는 포트폴리오 요건을 없애기도 했는데 입학의 문턱을 낮추는 게 요즘 트렌드인 것 같다.

C 아마 한국의 현실과는 많이 다를 것 같다. 일단, 국제학생에게는 어디나 학비가 비싸겠지만 지역 학생들에게는 저렴한 편이고 이런저런 이유로 보조금도 받을 수 있다. 그래서 학교에 입학하는 걸 마치 쇼핑하듯 하는 경우도 있다. 만약 포트폴리오가 없다면 무엇을 배우는지 전혀 모르는 상태인 학생도 들어올 수 있게 되고 중간에 탈락하는 경우가 더 많아질 거다. 특히 고등학교를 막 졸업했다면 이 코스에서 무엇을 배울지 열심히 알아보고 올 생각을 하지 않게 될 것 같다. 채점자 입장에서는 포트폴리오에

포함된 에세이를 읽어보고 이 학생이 어떤 목적으로 오는지 미리 알 수 있다. 애니메이션이 하고 싶은데 그래픽 디자인 코스에 들어오면 안 되지 않냐. 그런 경우 포트폴리오를 돌려주고 다른 학교를 알아보라고 얘기해준다.

R 요즘 어느 학교나 신입생을 모집하는 게 힘들다. 점점 학교는 많아지고 학생 수는 줄고 있다. 더 쉽게 들어올 수 있게 만들어야 그나마 좀 낫다. 하지만 나는 고등학교를 막 졸업한 학생이 아무 생각 없이 이 코스에 들어오는 건 반대한다. 그리고 학생을 뽑는 입장에서 다양성을 중요하게 생각한다. 다양한 배경을 가진 학생들이 입학하면 서로 배우는 게 더 많다. 학생이 어떤 사람인지, 어떤 걸 잘하는지는 포트폴리오를 통해 알 수 있다.

Q. 얼마나 잘 만들어야 하나?

C 아직 배우지 않은 학생들에게 완벽함을 요구하지는 않는다. 하지만 기본적으로 관심사, 노력, 잠재력을 보여줘야 한다. 유명한 아트스쿨에서는 노력보다 재능을 더 중요하게 보는 경우도 있다. 이 경우, 잠재력을 넘어 이미 재능이 있음을 보여줘야 하지만 나는 잠재력을 더 중요하게 보는 편이다. 예를 들어 타이포그래피를 채점할 때 아트스쿨은 거의 완벽하게 잘했는지를 기준으로

본다면 나는 얼마나 하려고 노력했나를 기준으로 본다. 공통점이 있다면 20개의 작품을 제출한다고 했을 때 한 가지만 보여줘서는 안 된다. 아무리 학생이 애니메이션을 잘 그린다고 해도 20개 모두 애니메이션이라면 무조건 돌려보낸다.

R 잘하기보다 잘하려고 노력해야 한다. 그 노력이 충분히 드러나면 '이 학생은 수업에서도 열심히 하겠네'라고 생각한다. 완성도도 중요하다. 배경이 덜 그려진 그림이나 중간에 그만둔 듯한 작품은 차라리 빼는 게 좋다.

Q. 채점은 어떻게 하나?

C 루브릭(평가기준표)으로 한다. 타이포그래피, 레이아웃, 테크닉, 일러스트, 프로젝트 등 큰 항목으로 나뉘어 있고 세부 항목에서 1부터 5까지 점수를 매긴다. 1은 아예 평가가 불가능하거나 업계 기준에 맞지 않는 경우고 5는 지금 당장 어디 내놔도 괜찮을 수준이다. 타이포그래피의 세부 질문을 보면 '스케치북에 자료 조사를 충분히 했는가?' '타깃을 고려했는가?' 등이 있다. 프로젝트의 경우 최소 요건을 잘 지켰는지부터 확인한다.

R 물론 개인적인 취향이 작용할 때가 있다. 드로잉을 특히 잘하는

학생이나 내가 보기에 정말 멋지고 괜찮은 작품이 먼저 눈에 들어오기도 한다. 하지만 루브릭을 통해 객관적으로 평가하려 노력한다. 처음에는 별로라고 생각했다가 체크리스트를 다시 보고 채점을 하면 생각보다 괜찮은 경우도 있다.

Q. 입학 포트폴리오를 잘 만든 학생이 실제 수업에서도 잘하나?

C 글쎄, 잘 모르겠다. 굉장히 많은 조건을 고민해봐야 한다. 좀 특이한 경우인데, 한 학생이 네 번 지원한 경우가 있었다. 첫 번째 포트폴리오는 최악이었다. 혼자서 그림만 그리다가 갑자기 디자인이 하고 싶어서 지원했는데 아무것도 몰랐다. 그 학생은 펜 일러스트는 정말 멋지게 그렸다. 하지만 다른 건 아무것도 못했다. 돌려보냈더니 찾아와서 뭐가 부족한지 알려달라고 했다. 그리고 다시 지원했는데 부족해서 돌려보내고, 다시 지원하고…… 그렇게 네 번째가 돼서야 어느 정도 됐다 싶어서 통과시켰다. 다른 학생들보다 훨씬 부족했지만 수업은 잘 따라왔다.

R 일반적으로는 그렇다. 물론 예외는 존재하지만 적어도 내 경험으로는 그렇다고 생각한다. 포트폴리오를 만드는 것은 재능보다 노력과 끈기가 더 비중을 많이 차지한다. 수업에서도

마찬가지고 그 이후 삶도 마찬가지다.

Q. 우리 학교의 코스는 솔직히 별로 유명하지 않다. 유명한 미대와 비교했을 때 장단점은 뭘까?

C 가장 큰 장점은 졸업하자마자 괜찮은 곳에 취업할 수 있다는 것이다. 30년 전에는 학생들에게 선택권이 별로 없었다. 유명한 대학도 캐나다에 두세 곳 밖에 없었고, 특히 미대는 미국 대학 몇 곳에 집중 현상이 심했다. 다들 한두 곳에 몰리니 경쟁도 치열했다. 순수미술이 아닌 다른 것을 공부하고 싶어도 갈 곳이 많지 않았다. 물론 그 덕분에 교수진이 좋았다. NSCAD(헬리팩스의 미술대학)도 유럽의 유명한 교수를 모셔올 수 있었다. 하지만 대학이 많아지고 점점 돈이 줄어들면서 경제 사정이 악화됐다. 동시에 현실감각도 떨어졌다. 우리는 학생들에게 선택권을 주지 않는다. 역사, 타이포그래피, 드로잉, 툴, 사진, 웹디자인 등 과목을 무조건 다 배워야 한다. 그러나 미대는 학생들에게 이중 하나만 선택해 집중하도록 한다. 그래서 졸업했을 때 어떤 건 잘하는데 일하는 데 필요한 기술은 하나도 모르는 경우도 있다. 물론 장점도 있다. 순수미술에 가까울수록 보다 크고 원론적으로 고민할 수 있는 프로젝트에 참여할 수 있다. 그것도 돈과 시간이 많아야 여유롭게 공부해볼

수 있겠지만.

R 학교를 졸업하는 순간, 아무도 성적을 묻지 않는다. 다들 작업을 보여 달라고 한다. 교수가 되고 싶다거나 순수미술을 해서 특정한 목표가 있는 경우가 아니면 학교 졸업장은 크게 쓸모가 없다. 실력을 키우는 게 훨씬 중요하다. 그래서 우리는 학교를 홍보하거나 사람들에게 좋은 인식을 심어주기보다 수업의 질에 더 신경 쓴다. 교육 과정은 매년 바뀐다. 디자인산업이 워낙 빨리 바뀌니 그것에 맞게 유연하게 움직여야 한다. 우리는 규모가 작기 때문에 새로운 과목도 만들고 이런저런 시도도 해볼 수 있다. 그게 가장 큰 장점이라고 생각한다. 단점은, 어떤 커뮤니티나 회사의 제일 윗사람이 특정 미대 출신인 경우 그 학교의 졸업생만 뽑는 경우가 있다는 것이다. 실력으로 따지면 우리 학교 졸업생이 훨씬 좋아도 인정받지 못할 때가 종종 있다. 다행히 그런 인식은 점점 사라지고 있다.

Q. 학생들 간 실력 격차는 좁혀야 하는 걸까?

C 적성의 차이다. 모든 사람이 크리에이티브 디렉터를 할 필요는 없다. 누군가는 아이디어를 기술로 표현해내야 한다. 캐나다에서는 그 둘의 임금 차이가 거의 없다. 가르치다 보면

어떤 학생은 굉장히 꼼꼼하고 완벽한 것을 추구하지만 어떤 학생은 아이디어로 꽉 차 있고 기술은 좀 허술하다. 사회에서는 이 둘이 함께 일한다. 수업에서도 그 균형을 유지하려고 노력한다. 학생들이 가장 잘하는 분야를 빨리 찾아야 인턴십 기간에 맞는 곳에 배치하는 것도 쉽다.

R 시작할 때는 학생 간 실력 차이가 꽤 많이 난다. 하지만 의도하지 않아도 1년이 지나면 그 격차가 많이 좁혀진다. 나도 그게 신기하다. 물론 열심히 하지 않는 경우는 제외해야 하지만 여길 졸업할 때쯤 되면 학생들을 어느 정도 비슷한 레벨까지는 올려놓는 게 목표다. 그게 교육의 역할이라고 생각한다.

Q. 작은 도시에서 공부하고 일하는 것은 밴쿠버나 토론토 같은 큰 도시에서 사는 것에 비교해서 어떤 장단점이 있나?

C 삶의 균형을 얼마나 맞추며 사는지에 따라 다르다. 최근 트렌드가 소셜미디어나 온라인 매체로 많이 쏠렸기 때문에 작은 도시에 산다고 기회가 적고 큰 도시에 산다고 기회가 많은 건 아니다. 토론토나 몬트리올에 일자리를 찾으러 갔던 사람들이 이곳으로 다시 돌아오는 경우도 많다. 그들은 가족들과 더 많은 시간을 보내며 좀 더 여유롭게 살고 싶어 한다. 큰 도시에서

일할수록 야근이 많다. 특히 디자이너는 윗사람이 퇴근하기 전까지 남아 있어야 하는 경우가 있다. 여기서는 거의 그런 일이 없다고 알고 있다. 학교로 보면 큰 도시의 대학은 매년 많은 학생이 입학하고 빠져나가고 또 그만큼 다시 들어온다. 졸업하면 '수고했어. 앞으로 잘해봐.' 그게 끝이다. 반면 작은 커뮤니티에서는 졸업 후에도 계속 관계가 유지된다. 졸업한 지 한참 지나도 그 사람에게 맞는 포지션이 열리면 연결해준다. 졸업생들끼리 서로 돕고, 나도 학생들을 돕는다.

R 개인적으로 나는 큰 도시에서 일했을 때 힘들었기 때문에 다시는 여기를 떠날 생각을 하지 않는다. 여전히 여행도 다니고 친구도 만나지만 큰 도시에서 일하고 싶지는 않다. 이유는 사람 때문이다. 이 지역은 사람들이 정말 좋다. 항상 친절하고 마음이 열려 있고 함께 일하기 좋은 사람들을 만나는 건 행운이다. 내가 다시 이십대로 돌아간다면? 글쎄, 그래도 계속 여기 머무를 것 같다. 물론 다른 곳에서 새로운 공부는 해보고 싶다. 이십대는 아니지만 퇴직하면 다시 대학에 가서 공부를 하고 싶은 마음도 있다.(웃음)

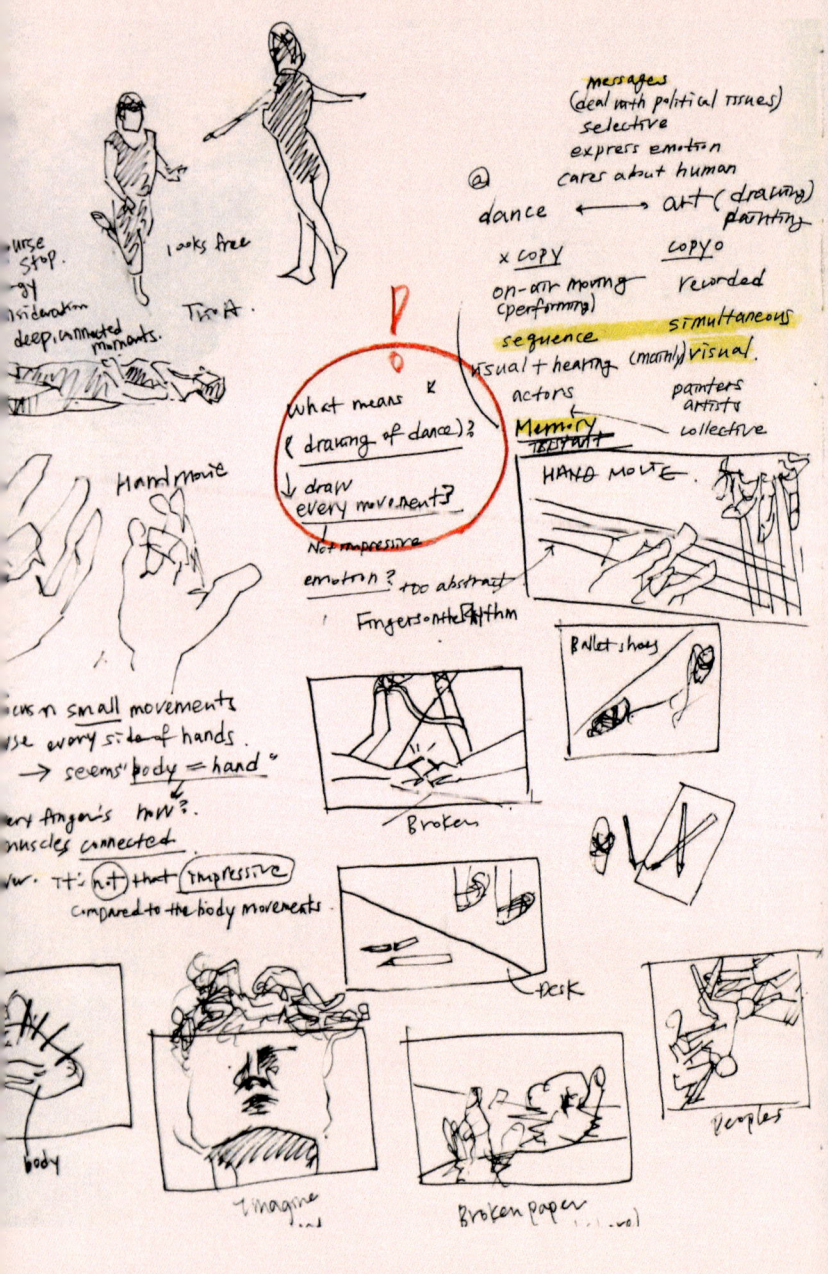

Art & dance have long history.
Both prefer **human**.
Why? express themselves.
I like to adopt new vision of traditional art. / **originality**

② difference Art and dance
can not COPY
it differs dancer
it's ON-AIR
own recorded

NEW dance

? Art & drawing can be on-AIR

language of movement — sometimes seperated / unified

Artist
Yvonne Rainer
(museum)
"TRIO A" (1968)

beauty of body — backbone
connected with brain.

of unpredictable elements
what?
Feeling
challenge
experimental.
hard to see
oriented
distribution
No music!
Minimalism

Avoid stylization.

The mind is a Muscle
↓ linked. connected

yoga?
yasa

citation
or sports?

/materials
movements
pictures
expressions
↓
connected
✓ visual expressions
  (ex line, thread...)
  Signals (digital. communication)
✓ words

postmodern dance
Escape from tradition
① traditional dance

Image ① — Negative
(Abandoned ballet shoes)
↓
traditional drawing
trash? — black pencils (4B)
         Broken?
no place for traditional artist.
No pencils. no white paper?
↓
What else?
What remain?
Soul? spirit?
artistic sense?
enthusiasm?

never eye contact
with observers

👁 → 👁 averted.

Image ② don't look at me.
⌈ look at myself
⌊ everyone looks at her

③ feminism (politically).
↔ SEXISM
Dance/looking at women.

heroin. Beauty
(The swan lake)

Delete the sex in Art
What happen?
(androgynous)
neutral

학교 가는 길.
Slow 표지를 볼 때마다
내 삶이 서울에서의 삶과
얼마나 다른지 생각한다.

시타델 앞에 놓여 있는 피아노.

주말 산책.

주말의 파머스 마켓. 다양한
사람들의 이야기를 듣는 게 즐겁다.

Epilogue 결국 나답게 살기

내가 살고 있는 동네에는 눈이 많이 온다. 정신없이 숙제를 하다가 주변이 조용해져 창밖을 내다보면 어김없이 세상이 온통 하얗다. 처음엔 예고 없이 내리는 눈송이가 예뻐서 마냥 좋아했는데 요즘엔 '내일 아침에 차를 무사히 뺄 수 있을지' 걱정하며, 귀찮지만 지금이라도 나가서 눈을 치울까 고민한다. 가끔 눈과 함께 거센 바람이 몰아치기 시작하면 전기가 끊기기 전에 아이스박스와 손전등을 확인해야 편하게 잘 수 있다. 눈이 많이 와서 도로와 도보가 구분이 안 될 때는 아침 6시에 학교에서 보내는 메일을 꼭 확인해야 한다. 도로 사정이 악화되고 제설 작업이 늦어지면 예외 없이 하루 수업이 모두 취소되기 때문이다. 캐나다 학생들은 수업이 없으니 놀 수 있어서 좋아하지만 그들보다 몇 배 이상 비싼 등록금을 내는 나 같은 국제학생들은 학교가 닫으면 왠지 손해 보는 기분이 든다.

첫 학기를 마쳤을 때 체력이 완전히 바닥나 있었다. 밤새 과제를 하고 학교에 갔다가 집에 오면 잠깐 쪽잠을 자고 다시 밤을 새우는 하루가 반복됐다. 주말 하루는 잠을 몰아서 자고 일주일 치 장을 봤다. 고3 시절 엄마가 아침마다 싸주던 도시락에는 정성이 많이 들어갔는데, 내 도시락은 대충 만든 샌드위치나 볶음밥일 때가 많았다. 미리 싸온 커피를 한 사발 들이켜야 정신을 똑바로 차리고 사람들이 속사포처럼 쏟아내는 영어를 알아들을 수 있었다. 매일 그렇게 영어를 듣고 쓰는데도 생각만큼 실력이 확 늘지 않았다. 대신 눈치가 많이 늘었다.

시간이 지나며 조금씩 취업 이야기가 들리면서 내가 이곳에 남으려면 캐나다 학생들보다 훨씬 노력해야 하는 현실을 깨달았다. 실력과 인맥 두 가지 모두 잘 갖춰야 한다. 그래서 누구보다 열심히 과제를 하고 사람들을 만나고 내가 할 수 있는 일이면 무엇이든 가져와서 했다. 쉴 수 있는 시간은 점점 줄었지만 크게 신경 쓰지 않았다. 어차피 돈도 없고 수다 떨 수 있는 한국 친구도 없으니까.

내 일상을 누군가 들여다보면 대체 왜 그렇게 힘들게 사느냐고 물을 것 같다. 나도 한국에서 나름 편하게 직장생활을 하며 우아하게 취미를 즐기던 모습과 비교하면, 하루에 12시간씩 책상 앞에 앉아 머리를 싸매고 고민하며 혹시 전기가 끊길까 걱정하는 지금의 내 몰골이 형편없게 느껴질 때가 있다. 물론 캐나다는 미세먼지 없는 맑은 공기를 항상 마실 수 있고 물가도 한국만큼 비싸지 않고 사람들도 대부분 친절해서 크게 스트레스 받을 일은 없다. 그저 내가 외국인이고, 영어를 자유롭게 구사하지 못하고, 농담을 못 알아들어 분위기를 망칠 때가 있는 게 문제다. "넌 포스터는 잘 만들면서 왜 계속 문장에서 관사를 빼먹는 거야?"라는 랍 선생님의 핀잔을 애써 웃으며 넘겨야 할 때도 많다. 이 정도면 대충 넘어가거나 우린 친구니까 서로 봐주자는 식이 통할 리도 없다. 나에게 한국 음식의 레시피를 물어볼 때의 친절함은 일 얘기를 할 때면 쏙 들어간다. "외국인이라고 봐주는 거 없어. 그래야 너도 편하지?" 그들의 단호한 말에 겉으로는 고개를 끄덕이지만 마음속으로 '아니, 안 편해'라고 대답하곤 한다.

하지만 나는 전반적으로 행복해졌다. 누가 나를 '행복함'과 '안 행복함'이 양쪽에 달린 저울에 올려놓고 "넌 객관적으로 불행해졌어"라고 얘기해도 "아니야, 나는 행복해"라고 우길 수 있는 정도의 자신감은 있다. 유학생활에는 이국적인 배경의 여행지와 외국인 친구들 사이에 활짝 웃는 사진으로 판단할 수 없는 매일의 고단함이 존재한다. 하루하루 예상치 못한 일이 벌어지고 제대로 대응하지 못해 억울한 유학생은 화장실에서 혼자 끅끅 울음을 참아야 하기도 한다. 그렇게 매일 넘어지지만 다행히 그 경험치는 차곡차곡 쌓여 고스란히 내 것이 된다. 만약 내가 그때 회사를 그만둘 결심을 못했거나 유학이 아닌 다른 방법을 선택해서 안정적인 길을 찾았더라면 절대 얻지 못했을 지식과 경험이 내 안에 쌓였다. 그리고 평생 가깝게 지내고 싶은 좋은 사람도 많이 만났다.

내가 만족한다고 해서 지금 한국에서 직장생활을 하며 퇴사를 고민하고 있는 사람들에게 모두 유학을 권하고 싶진 않다. 꼭 외국이 아니어도 그림을 그릴 수 있고, 공부도 할 수 있고, 좋은 사람도 만날 수 있다. 단지 내가 행복할 수 있는 이유는 스스로 이 길을 선택했고 사회적 시선에 상관없이 나답게 일상을 살 수 있는 현재를 누리고 있기 때문이다. 부족하지만 나의 이 첫 책을 통해 조금 더 많은 사람들이 나답게 사는 법을 고민하는 기회가 됐으면 싶다. 내 책이 누군가의 배부른 소리가 아니라 평범한 직장인이 작은 꿈을 품고 살다가 한번 그 꿈대로 살아보기로 결심하는 과정으로 읽혔으면 좋겠다. 또, 겉으로 드러나지 않아도 각자의 목표를 가지고 매일매일 열심히 사는 한국의 모든 직장인을 응원한다.

회사 그만두고 유학을 갑니다
ⓒ 정유진, 2018

초판 1쇄 발행 2018년 5월 15일
초판 2쇄 발행 2020년 6월 20일

지은이 정유진

펴낸이 윤동희

편집 김민채, 황유정
디자인 석윤이
제작처 교보피앤비

펴낸곳 (주)북노마드
출판등록 2011년 12월 28일 제406-2011-000152호

주소 08012 서울특별시 양천구 목동서로 280 1층 102호
전화 02-322-2905
팩스 02-326-2905
전자우편 booknomad@naver.com
페이스북 /booknomad
인스타그램 @booknomadbooks

ISBN 979-11-86561-49-2 03810

○ 이 책의 판권은 지은이와 (주)북노마드에 있습니다.
이 책 내용의 전부 또는 일부를 재사용하려면 반드시 양측의 서면 동의를 받아야 합니다.

○ 이 도서의 국립중앙도서관 출판예정도서목록(CIP)은 서지정보유통지원시스템
홈페이지(http://seoji.nl.go.kr)와 국가자료공동목록시스템(http://www.nl.go.kr/
kolisnet)에서 이용하실 수 있습니다.(CIP 제어번호:CIP2018013111)

www.booknomad.co.kr

북노마드